書き順の例

[母音文字]

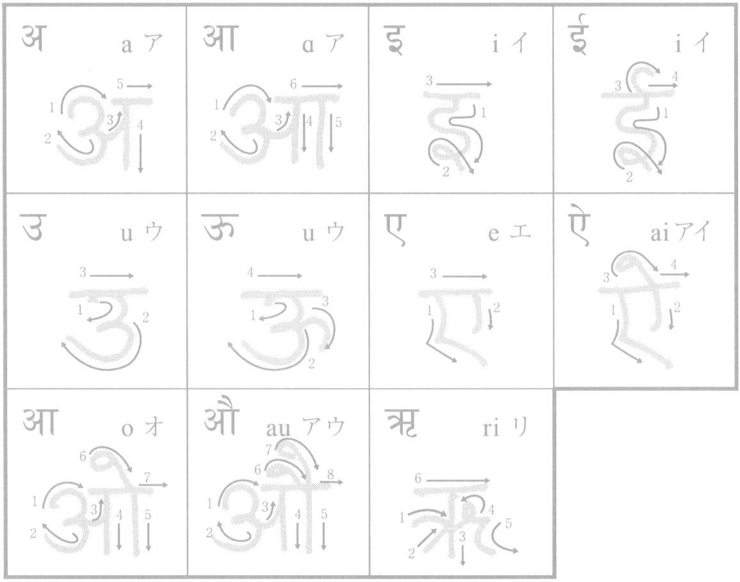

[子音文字]

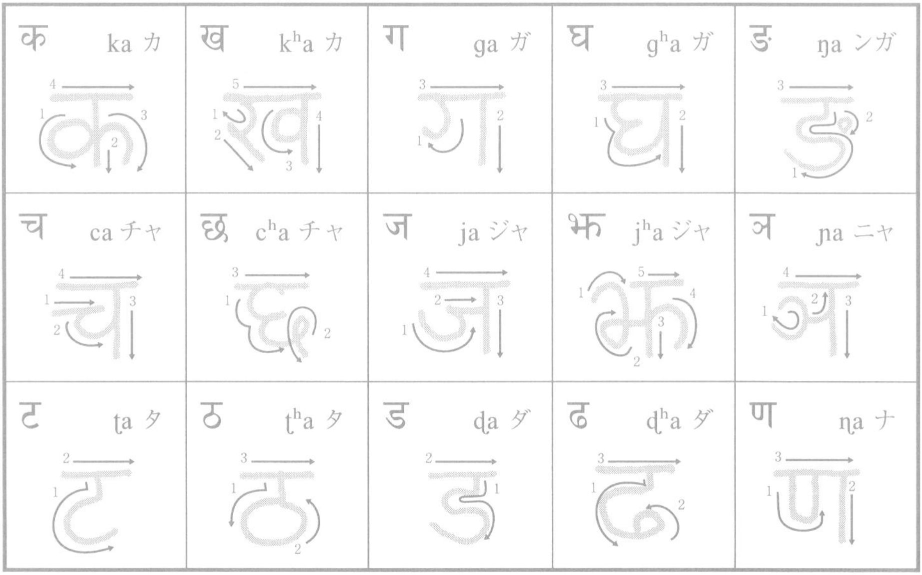

त ta タ	थ t^{h}a タ	द da ダ	ध d^{h}a ダ	न na ナ
प pa パ	फ p^{h}a ファ	ब ba バ	भ b^{h}a バ	म ma マ
य ya ヤ	र ra ラ	ल la ラ	व wa ワ	
श sa サ	ष sa サ	स sa サ	ह ha ハ	

[母音記号]

क ka カ	का kɑ カ	कि ki キ	की ki キ
कु ku ク	कू ku ク	के ke ケ	कै kai カイ
को ko コ	कौ kau コウ	रु ru ル	रू ru ル

ネパール語の入門

नेपाली भाषा : पहिलो ढोका

野津治仁 著

白水社

本書は、2009年に刊行した『CDエクスプレス ネパール語』を基本的な内容はそのままに、付属CDの音声をダウンロード方式に変更して改題新装復刊したものです。

【ダウンロード音声について】

行末に示された数字はダウンロード音声のトラック番号です。この音声は、白水社のウェブサイトからダウンロードして聞くことが出来ます。下記のURLかQRコードからアクセスしてください。

URL　www.hakusuisha.co.jp/news/nepal-go

ユーザ名　hakusuisha

パスワード　8965

音声トラック番号例

2．1．母音字 2

表記上母音字には，サンスクリット語の名残で，短母音・長母音の区別があります．しかし実際の発音上は，長さによる区別はありません．たとえば उनी (unī)「彼/彼女」と ऊनी (ūnī)「羊毛の」の場合，サンスクリット語では उ (u) が短母音，ऊ (ū) が長母音とされます．しかし現代ネパール語の発音は，どちらも同じウニ［uni］です．

イラスト：石原昭男

音声ナレーション：ジャヤンティ・シャルマ湊、バワン・バッタ

装丁：株式会社アイ・ビーンズ

まえがき

ネパール語は，長大なヒマラヤ山脈の麓，ネパールの国語（公用語）で，全国民の90パーセント以上が理解するといわれています．そして多民族国家であるネパールの諸民族間の共通語でもあります．ネパールと日本の外交関係が樹立した1956年から数えて今年で丁度50年，この記念すべき節の年に本書を上梓することができたことは，大変喜ばしいことです．ネパールと日本の往来が民間レベルでも頻繁になり，ネパールに対する関心が高まるにつれ，ネパール語を学んでみたいという人も増えてきました，違う国の人々の考え方や文化を知るためには，その言語を学ぶことが不可欠です．そしてはじめてより深くお互いを理解することができます．きっと今まで見えなかったことが，新しい発見となって次々と現れてくることでしょう．この楽しい体験を多くの方々に味わっていただきたいと思っています．片言の単語を並べるだけのコミュニケーションでは満足できなくなった方々にとって，本書が次のステップに進むためのお役に立てるようにと願ってやみません．

本書が世に出るまでには沢山の方々のお世話になりました．この本を書くきっかけを与えてくださった東京外国語大学，アジア・アフリカ言語文化研究所前所長の石井溥先生にはあらためてお礼を申し上げたいと思います．ウイットに富んだステキな挿絵で本書を飾ってくださった石原昭男氏また急遽ＣＤの吹き込みをお願いすることになったジャヤンティ・シャルマ湊（जयन्ती शर्मा）さん，バワン・バッタ（भवन भट्ट）さん，ありがとうございました．ロガータの写植担当の方のご協力も忘れることはできません．著者の筆の遅さには，白水社編集部の中越昌一氏もさぞかし業を煮やされたことでしょう．何度ため息をつかせてしまったか分からないほどですが，最後まで根気よくお付き合いくださいました．

お世話になった全ての方々，そして本書を手にとってこれからネパール語に挑戦してみようと思っている全ての読者の皆さまに感謝を捧げます．

2006年夏

『CDエクスプレス　ネパール語』が出版されてから早15年以上。この間日本国内に在住するネパール人の数も劇的に増加し，ますます両国の交流が盛んになり，ネパール語学習者の数も年々増加しています。永らく本書は在庫切れとなってネパール語愛好者の皆様には大変ご迷惑をおかけしていましたが，このたび改題新装復刊されることになり，誠に喜ばしいことと感謝しています。

新著については鋭意執筆を進めているところではありますが，それまでの間本書がネパール語を学ぼうとする皆様にとって理解の一助となれば嬉しく思います。

2023年初春 著者

本書ではじめて学ぶ人のために

1．本書の構成

本書は，初めてネパール語に触れる人が独習できるように工夫がなされています．まず最初の15ページほどが文字と発音についての解説にあてられ，次に20課からなるレッスンが続きます，各課4ページずつの配分で，最初の見開きページの左側が会話本文，右側が本文に出てくる単語の説明と本文の訳，続く2ページで本文理解のための文法事項を解説しています．そして2課毎に練習問題があります．

巻末には練習問題の解答と，本文を補うための付録および本書で使われている単語に若干の必須単語を加えた単語リストが付いています．

2．記号

本書で使われている記号の内，< はその単語や熟語の成り立ち，> は関連表現や派生語，その単語を使った熟語などを示します．= は同義語，類義語と別表記を，また ⇔ は反意語，対語を示します．→ は参照すべき解説やコラムを示しています．なお英語からの借用語は，元の英語をカッコ内に示しています．

品詞の略号の内，［自動］は自動詞，［他動］は他動詞，［後］は後置詞，［尾］は接尾辞，［前］は接頭辞，［不変］は不変化詞，［不代］は不定代名詞，［再代］は再帰代名詞，［助数］は助数詞を表しています．明らかな名詞や形容詞については，一部の例外を除き品詞の略号を省略しています．

3．文字と発音

必ずしも，文字と発音を完全にマスターしてから本文テキストに入らなければならない，ということはありません．本文テキストを進めるのに平行して文字を覚えていってかまいません．しかしネパール語をマスターするためにはデバナガリ文字を覚えることは必須ですので，10課が終わる位までには一通り覚えるようにしてください．また見返しの部分に書き順の一例を示していますが，これにとらわれる必要はありません．

全体を通して，発音の手助けとして，主に発音記号を用いた音素表記を施しています，必要に応じて文字を表すためのカッコ（　）内に伝統的なローマ字転写，また一部実際の発音を表すためにカッコ［　］内にIPA音声表記も採用しています．3種類のローマ字表記があり混乱するかも知れませんが，これらの違いを理解してください．

1課から10課までの本文テキストにはカタカナ発音も併記しています．ネパール語の音をカタカナで表現するのは無理ですので，これはあくまでも補助的なものと思ってください．日本語にはない音もありますから，正しい発音のためにはダウンロード音声を活用してください．

なお，本書では曖昧母音 अ ［ə］を便宜上［a］と表記していますのでご注意ください。

4．本文と文法解説

基本的に本文は男女の会話で構成されています．基本的な文例は暗記して，応用できるようにしてください．

文法の解説は必要最小限のものと思ってください，とくに動詞の時制と活用は大変かもしれませんが，とても重要です．ひとつひとつくり返し覚えるようにしてください．動詞の活用表も基本的なものにとどめてあります．

5．練習問題

2課毎に練習問題があります．各課で学んだ内容の簡単な復習から応用問題まで難易度もさまざまです．巻末124ページ以降に解答もありますので，自分で正解を確認できます．

練習問題のページには新出単語も紹介してありますが，それ以外の単語も応用して覚えるようにしてください．

6．ダウンロード音声の活用

ダウンロード音声は、パソコンやスマートフォンで手軽に聞くことが出来ます（「まえがき」の前のページの案内をご参照ください）。音声のトラックは88あり、「文字と発音」，各課の「テキスト」と「単語」，そして「練習問題」の一部が収録されています．本文テキストは，初めのうちは単語をくぎってゆっくりと，そして課が進むに連れ自然なスピードに近くなっています．とくに11課以降はリズムと抑揚に注意して聞くようにしてください．本文の会話を暗記するくらいまで繰り返し聞いて練習してください．

目　次

文字と発音

1．概略

ネパール語は基本的にサンスクリット語やヒンディー語でも用いられるデバナガリ（देवनागरी）文字で表記されます．一部にはネパール語特有の文字（異体字）も使用されます．

本書ではデバナガリ文字を読む手助けとして，主として発音記号を用いた発音表記（音素）を施してあります．必要に応じて一部，文字を表すためにカッコ（）内に伝統的なサンスクリット研究に用いられるローマ字転写を，また実際の音を表すために，カッコ［］内にIPA音声表記を表示しています．

いずれにしても，ネパール語の母語話者の実際の発音をくり返しよく聞いて，体得するようにしてください．

2．母音字と子音字

デバナガリ文字には母音字（इ，ओなど）と子音字（क，च など）があります．また各母音に対応する母音記号（ि，ोなど）があり，これを子音字に組み合わせて（कि，चो など）さまざまな音を表します（3．1．参照）．

書き順については厳密な決まりはありませんが，単語ごとに上部の横線を書くのがルールです．各文字の書き順の一例を本書の見返しに掲載していますので，参考にしてください．原則として単語ごとに分かち書きをしますが，接尾辞や後置詞は直前の単語にそのまま続けます．

2．1．母音字 2

表記上母音字には，サンスクリット語の名残で，短母音・長母音の区別があります．しかし実際の発音上は，長さによる区別はありません．たとえば उनी (unī)「彼/彼女」と ऊनी (ūnī)「羊毛の」の場合，サンスクリット語では उ (u) が短母音，ऊ (ū) が長母音とされます．しかし現代ネパール語の発音は，どちらも同じウニ［uni］です．

デバナガリ文字の短母音・長母音にかかわらず，アクセントが来る母音はやや長めに聞こえる傾向があります．

अ	आ	इ	ई	उ	ऊ	ए	ऐ	ओ	औ	ऋ (ऋ)
(a)	(ā)	(i)	(ī)	(u)	(ū)	(e)	(ai)	(o)	(au)	(ṛ)
/a/	/ɑ/	/i/	/i/	/u/	/u/	/e/	/ai/	/o/	/au/	/ri/

上の各文字の下のカッコ内がローマ字転写です．現代ネパール語の場合これは

発音を正確に表すものではありませんが，元のデバナガリ文字をほぼ再現することができます．

文字　発音　　(母音記号)(ローマ字転写)

अ　/a　ア/　　(a)　日本語の「ア」と「オ」の中間の音 [ə/ʌ]．唇は丸めない．日本語の「ア」と違い，日本人には聞き分けにくい音なので注意が必要．ここでは便宜上「ア」と表記する．

अनार /anɑr アナール/　ザクロ

आ　/ɑ　ア/　(ा)　(ā)　日本語の「ア」と同じようなはっきりした「ア」．サンスクリット語では長母音の扱いだが，長くのばして発音する必要はない．अ との差は長短ではなく，音そのもの（口の形と舌の位置）の違い．

आमा /ɑmɑ アマ/　母

इ　/i　イ/　(ि)　(i)　日本語の「イ」とほぼ同じ．便宜上「短いイ」と呼ばれる．

इनार /inɑr イナール/　井戸

ई　/i　イ/　(ी)　(ī)　サンスクリット語では長母音の扱い．ネパール語では इ との発音上の差はないが，綴りは区別される．便宜上「長いイ」と呼ばれる．

ईश्वर /iswar, issor イスワル，イッソル/　至上神

उ　/u　ウ/　(ु)　(u)　日本語の「ウ」よりは唇を前に，舌を後ろに引いた「ウ」の音．便宜上「短いウ」と呼ばれる．

उखु /ukʰu ウクー/　サトウキビ

ऊ　/u　ウ/　(ू)　(ū)　इ と ई の場合と同様，उ と ऊ の発音にも差はなく，綴りは区別される．便宜上「長いウ」と呼ばれる．

ऊन /un ウン/　羊毛

ए　/e　エ/　(े)　(e)　日本語の「エ」と同じ．

एकीकरण /ekikaran エキカラン/　統一

ऐ　/ai　アイ/　（ ै ）(ai)　अ a と इ i を連続して発音する二重母音．実際上の発音は「エイ」に近いこともある．

ऐना /aina アイナ/　鏡

ओ　/o　オ/　（ ो ）(o)　日本語より唇を丸くした「オ」．

ओखर /okʰar オカル/　クルミ

औ　/au　アウ/　（ ौ ）(au)　अ a と उ u を連続して発音する二重母音．実際の発音は「オウ」に近いことが多い．

औषधी /ausadʰi オウシャディ/　薬

ऋ (ॠ) /ri　リ/　（ ृ ）(ṛ)　厳密には母音とは言えないが，伝統的なサンスクリット語文法では母音として扱われる．ネパール語ではサンスクリット語起源の単語にしか使われない．
（注：母音字の配列順は，一般的な辞書では ऋ は ऊ と ए の間にきます）

ऋतु /ritu リトゥ/　季節

発音については，日本語の母音にない अ /a/ 及び अ の音を含む ऐ /ai/ と औ /au/ の音に注意が必要な他は，日本語の「ア，イ，ウ，エ，オ」の要領で発音して問題ありません．

2．2．子音字

子音字は，単独ではその子音に潜在母音 अ /a/ を添えて発音する音節文字です．子音字の文字の配列は規則的で，音声学的に見ても理にかなった配置になっています．

●無声音と有声音

声帯が振動しないのが無声音 (voiceless)，振動するのが有声音 (voiced) といいます．発音の際，のどぼとけのあたりに指先をあてると，無声音では振動を感じませんが，有声音では振動を感じます．

たとえば「カ」と「ガ」では，発音する位置 (調音点) は同じで，無声「カ」，有声「ガ」という対立があります．なお，鼻音 (nasal) も原則として有声音です．

この対立は日本語にもあるので理解しやすいでしょう．

●無気音と有気音

これは日本語には見られない対立です．発音の際，息があまりでないのが無気音 (unaspirated)，たくさん出るのが有気音 (aspirated) です (有気音は帯気音ともいいます). IPA では有気音に [^{h}] の補助記号を添えます. たとえば काम [kɑm]「仕事」と खाम [k^{h}ɑm]「封筒」には無気「カ」と有気「カ」の対立があり, 意味も違います.

日本語の場合, 語頭に来る「カ」などの音は有気音になりがちなので, むしろ無気音に気をつけるよう心がけてください.

ところで, घ (gha), झ (jha), ढ (ḍha), ध (dha), भ (bha) は一般的に有声の有気音と呼ばれていますが, 実際には有声の気息音 (breathy) あるいはつぶやき音 (murmur) と呼ばれる音です. 声門 (声帯の隙間) が半開きで震える状態です (とは言え, 声門を意識的にコントロールすることは難しいと思います. 低くうめくような感じと思ってください). ですから気息音 घ (gha) は有気音 ख (kha) ほど沢山の息は出ません. IPA 表記では気息音には [^{ɦ}] の補助記号を添えます (例: घ [g^{ɦ}ə]). 本書では気息音 (つぶやき音) も便宜的に有気音と呼ぶこととし, 補助記号 [^{h}] を添えることとします.

次の文字表で1段目から5段目までは, 各段が同じ調音点・調音様式で, 左から無声・無気, 無声・有気, 有声・無気, 有声・有気, 鼻子音のセットになっています. 6段目と7段目は各段調音点は違いますが, 同じ (あるいは似た) 調音様式のグループにまとめられています. すなわち6段目は接近音 (半母音, ふるえ音, 弾き音, 側面音を含む) のグループ, 7段目は摩擦音のグループとなっています.

ネパールで使用するデバナガリ文字には異体字をもつものがあります. 比較的よく見られる異体字をカッコ内に併記しました.

	無声音		有声音		
調音点/様式	無気音	有気音	無気音	有気音	鼻子音
軟口蓋破裂音	क (ka) /ka/	ख (kha) /k^{h}a/	ग (ga) /ga/	घ (gha) /g^{h}a/	ङ (ṅa) /ŋa/
硬口蓋破裂音	च (ca) /ca/	छ(छ) (cha) /c^{h}a/	ज (ja) /ja/	झ(झ) (jha) /j^{h}a/	ञ (ña) /ɲa/
反り舌破裂音	ट (ṭa) /ʈa/	ठ (ṭha) /ʈ^{h}a/	ड (ḍa) /ɖa/	ढ (ḍha) /ɖ^{h}a/	ण (ṇa) /ɳa/

歯	त (ta) /ta/	थ (tha) /tʰa/	द (da) /da/	ध(ध) (dha) /dʰa/	न (na) /na/
両唇	प (pa) /pa/	फ (pha) /pʰa/	ब (ba) /ba/	भ (bha) /bʰa/	म (ma) /ma/

接近音	य (ya) /ya/	र (ra) /ra/	ल(ल) (la) /la/	व (va) /wa/
摩擦音	श (śa) /sa/	ष (ṣa) /sa/	स (sa) /sa/	ह (ha) /ha/

軟口蓋破裂音： 3

舌の後部（奥舌面）を軟口蓋（上顎の奥）につけ，呼気を一瞬閉じて破裂させる音のグループ．日本語のカ行，ガ行に相当．

文字　発音　（半子音字→4.）（ローマ字転写）

क　/ka　カ/　（क्）　(k)　無声・無気音．呼気があまり出ない「カ」．

कछुवा /kacʰuwɑ カチュワ/　亀

ख　/kʰa　カ/　（ख्）　(kh)　無声・有気音．呼気が強く出る「カ」．

खरायो /kʰarɑyo カラヨ/　うさぎ

ग　/ga　ガ/　（ग्）　(g)　有声・無気音．呼気があまり出ない「ガ」．

गमला /gamalɑ ガマラ/　植木鉢

घ　/gʰa　ガ/　（घ्）　(gh)　[gʱə] 有声・気息音．低く呼気がでる「ガ」．

घण्टी /gʰanṭi ガンティ/　ベル

ङ　/ŋa　ンガ/　(ṅ)　東日本方言に現れるガ行鼻濁音．日本語のナ行音 [n] になることもある（例：ङ्याउरो [njɑuro ニャウロ] 仔猫）．また क，ख，ग，घ の直前で母音が落ちた鼻子音 [ŋ ン] となる．

ङिच्च /nicca ニッチャ/　ニヤリと

硬口蓋破擦音/破裂音： 4

前舌面を上歯茎近くの硬口蓋（上顎の窪み辺り）につけ，呼気を一瞬閉じて狭い隙間から摩擦して出す破擦音（affricate）のグループ．サンスクリット語的な発音や幼児語では硬口蓋破裂音となります．

च　/ca　チャ/　(च)　(c)　[tjə/cə] 無声・無気音．呼気が強く出ない「チャ」．

चलाक /calak チャラック/　賢い

छ (छ) /cʰa　チャ/　(ch)　[tjʰə/cʰə] 無声・有気音．呼気が強く出る「チャ」．

छाता /cʰata チャタ/　傘

ज　/ja　ジャ/　(ज)　(j)　[dʒə/ɟə] 有声・無気音．呼気が強く出ない「ジャ」．

जग्गा /jagga ジャッガ/　土地

झ (झ) /jʰa　ジャ/　(झ)　(jh)　[dʒʱə/ɟʱə] 有声・気息音．低く呼気が出る「ジャ」．

झण्डा /jʰanḍa ジャンダ/　旗

ञ　/ɲa ニャ/　(ञ)　(ñ)　単独では，硬口蓋に舌の前面をつけた状態から「ニャ」の要領．語頭にくることはなく，च，छ，ज，झ の直前で鼻子音の [ɲ ン] として現れる．

भञ्ज्याङ /bʰanjyaŋ バンジャン/　峠

反り舌破裂音： 5

後ろに反らせた舌尖を歯茎に近い硬口蓋につけ，呼気を一瞬閉じて破裂させるタ行，ダ行音．日本語にはない音で，次の歯破裂音グループのタ行，ダ行音との区別に注意が必要です．

ट　/ṭa　タ/　(ṭ)　無声・無気音．呼気が強く出ない「タ」．

टापु /ṭapu タプー/　島

ठ　/ṭʰa　タ/　(ṭh)　無声・有気音．呼気が強く出る「タ」．

ठट्टा /ṭʰaṭṭa タッター/　冗談

ड　/ḍa　ダ/　(ḍ)　有声・無気音．呼気が強く出ない「ダ」．母音の間や語尾では弾き音［ɽ］になる（例：डाडु［ɖaɽu ダルー］杓子）．

डाँडा /ɖãɽa ダンラ/　丘

ढ　/ɖʰa　ダ/　(ḍh)　［ɖʱə］有声・気息音．低く呼気が出る「ダ」．ड と同様，母音の間や語尾で弾き音［ɽʱ］又は［ɽ］になる（例：टाढा［ʈaɽʱa/ʈaɽa タラ］遠い）．

ढल्नु /ɖʰalnu ダルヌ/　倒れる

ण　/ɳa　ナ/　(ण)　(ṇ)　単独では硬口蓋（上あご）に舌尖をつけた状態から「ナ」の要領で発音すると「アラ」のような音になる．語頭にくることはない．ट，ठ，ड，ढ の直前では鼻子音の「ɳ ン」として現れる．また［n］（例：गणित［ganit ガニット］数学）あるいは［ɽ］（例：गणेश［gãɽes ガレス］ガネシュ神）などにもなる．

दण्ड /danɖa ダンダ/　罰

歯破裂音：　6

舌尖を上前歯につけ，呼気を一瞬閉じて破裂させる音．日本語のタ行，ダ行音とほぼ同じ音ですが，न を除き日本語よりも舌尖がやや前に出ます．

त　/ta　タ/　(ट)　(t)　無声・無気音．呼気が強く出ない「タ」．

तलब /talab タラブ/　給料

थ　/tʰa　タ/　(ध)　(th)　無声・有気音．呼気が強く出る「タ」．

थर /tʰar タル/　名字

द　/da　ダ/　(d)　有声・無気音．呼気が強く出ない「ダ」．

दरबार /darbar ダルバール/　宮殿

ध (ध)　/dʰa　ダ/　(ε)　(dh)　［dʱə］有声・気息音．低くつぶやく「ダ」．

धनी /dʰani ダニ/　裕福な

न　/na　ナ/　(ᅮ)　(n)　鼻子音「ナ」．日本語のナ行音に相当．

नरिवल /nariwal ナリワル/　ココナツ

両唇破裂音： 7

両唇を閉じ，呼気を一瞬閉じて破裂させる音のグループ．日本語のパ行，バ行音に相当．但し फ は日本語の「ファ」に相当する両唇摩擦音になることが多い．

प　/pa　パ/　(ट)　(p)　無声・無気音．呼気があまり出ない「パ」．

परिवर्तन /pariwartan パリワルタン/　変化

फ　/pʰa　ファ/　(प)　(ph)　[ɸə/pʰə] 無声・有気音．呼気が強く出る「パ」．あるいは唇を完全に閉じない日本語の「ファ」に近い音．

फलफूल /pʰalpʰul ファルフル/　果物

ब　/ba　バ/　(ठ)　(b)　有声・無気音．呼気があまり出ない「バ」．

बदाम /badɑm バダム/　ピーナツ

भ　/bʰa　バ/　(ड)　(bh)　[bʱə] 有声・気息音．低く呼気がでる「バ」．

भण्टा /bʰanʈɑ バンタ/　ナス

म　/ma　マ/　(ŧ)　(m)　鼻子音「マ」．日本語のマ行音に相当．

मन /man マン/　心

なお，फ の文字をローマ字表記する際，f を用いることがありますが，ネパール語には上前歯で下唇をかむ [f] の音は原則的にありません．

接近音（半母音，ふるえ音，弾き音，側面音を含む）のグループ 8

य　/ya　ヤ/　(ट)　(y)　[jə] 日本語の「ヤ」の要領（半母音）．母音記号の付かない य は [e エ] あるいは [je イェ] になることが多く，[i イ] になることもある．

यज्ञ /yagya ヤッギャ/　供犠　　यथार्थ /yetʰɑrtʰa エタールタ/　真実

र　/ra　ラ/　(ʿ, ᆖ)　(r)　[ɾə/rə] 舌尖が口蓋を軽くたたく「ラ」（弾き音）．あるいは巻き舌の要領の「ラ」（ふるえ音）．

रगत /ragat ラガット/　血

ल (ळ) /la ラ/ (ल) (l) 舌端を上の前歯の裏にあて，舌の両側から呼気を出す「ラ」(側面音).

लसुन /lasun ラスン/ ニンニク

व /wa ワ/ (व) (v) 日本語の「ワ」の要領 (半母音). 多くの場合有声両唇破裂音の「バ」/ba/と発音される. また वकील /okil/「弁護士」あるいは प्रस्ताव /prastau/「提案」のように「オ」や「ウ」の音になることもある.

वन /ban バン/ 森 वजन /ojan オジャン/ 重量
वरिपरि /waripari ワリパリ/ 周囲に

なお，व の文字をローマ字表記する際，v を用いることがありますが，ネパール語には上前歯で下唇をかむ［v］の音は原則的にありません.

摩擦音のグループ 9

श /sa サ/ (श) (ś) [sə/ʃə] 歯茎摩擦音「サ」. あるいは後部歯茎摩擦音「シャ」.

शक्ति /saktis サクティ/ 力

ष /sa サ/ (ष) (ṣ) [sə/ʃə] 歯茎摩擦音「サ」. あるいは後部歯茎摩擦音「シャ」.

षड्यन्त्र /saṛyantra サリャントラ/ 陰謀

स /sa サ/ (स) (s) [sə/ʃə] 歯茎摩擦音「サ」. あるいは後部歯茎摩擦音「シャ」.

संविधान /sambidʰɑn サンビダーン/ 憲法

ह /ha ハ/ (ह) (h) [ɦə] 声門摩擦音「ハ」. 日本語のハ行は無声音なのに対し，ネパール語の「ハ」は有声音となる. また語中や語尾では抜け落ちることが多い（例： थाहा [tʰɑɦɑ/tʰɑː] 知ること).

हडताल /haṛtɑl ハルタール/ ストライキ

サンスクリット語では श [çə]（硬口蓋摩擦音. च 行の舌の位置で「シャ」), ष [ʂə]（反り舌摩擦音. ट 行の舌の位置で「シャ」), स [sə]（歯茎摩擦音. त 行の舌の位置で「サ」）は異なった音ですが，現代ネパール語では３つの「サ」の発音に差異はなく，通常同じように発音されます．サンスクリット語起源以外の外来語には，一部例外を除き，原則的に स をのみを用います．

2．3．結合子音字 10

以下の３つの文字は，厳密には結合文字ですが，しばしば独立した子音字として扱われます．

क्ष /c^{h}a チャ/ (क्ष्) (kṣ) क् (k) + ष (ṣa) = क्ष (kṣa) 発音は「クシャ」ではない．

क्षयरोग /c^{h}ayarog チャヤローグ/ 結核

त्र /tra トラ/ (त्र्) (tr) त् (t) + र (ra) = त्र (tra)

त्रिशूल /trisul トリスール/ 三叉の戟

ज्ञ /gya ギャ/ (ज्ञ्) (jñ) ज् (j) + ञ (ña) = ज्ञ (jña) 発音は「ジュニャ」ではない．

ज्ञान /gyɑn ギャーン/ 知識

上記３つの文字は，文字表では，子音字の最後に配置されることが多いですが，一般的な辞書の配列では，それぞれ分解された元の文字順に配列されます．

3．母音記号と鼻母音化記号

3．1．母音記号 11

先に母音字と子音字の項で触れたように，各子音字は母音記号を付けない状態では母音/a/を伴って発音されます（例： क = /ka/）．母音字にはそれぞれ対応する母音記号があり，子音字にこの母音記号を組み合わせることによって様々な音を表す文字を作ることができます．子音字に母音記号を組み合わせた例を ग (ga) の場合を例にとって次に示します．

母音字－母音記号－子音字との組み合わせ例

अ	आ	इ	ई	उ	ऊ	ए	ऐ	ओ	औ	ऋ
ナシ	ा	ि	ी	ु	ू	े	ै	ो	ौ	ृ
(a)	(ā)	(i)	(ī)	(u)	(ū)	(e)	(ai)	(o)	(au)	(ṛ)
/a/	/ɑ/	/i/	/i/	/u/	/u/	/e/	/ai/	/o/	/au/	/ri/
ア	ア	イ	イ	ウ	ウ	エ	アイ	オ	オウ	リ

ग	गा	गि	गी	गु	गू	गे	गै	गो	गौ	गृ
(ga)	(gā)	(gi)	(gī)	(gu)	(gū)	(ge)	(gai)	(go)	(gau)	(gṛ)
/ga/	/gɑ/	/gi/	/gi/	/gu/	/gu/	/ge/	/gai/	/go/	/gau/	/gri/
ガ	ガ	ギ	ギ	グ	グ	ゲ	ガイ	ゴ	ゴウ	グリ

ただし母音記号が付く場所の例外として，子音字 र (ra) に母音記号 ु (u) が付くと रु (ru)，ू (ū) が付くと रू (rū) となります．また ह (ha) に母音記号 ृ (ṛ) が付くと हृ (hṛ) の形になります．

3．2．鼻母音化記号（チャンドラビンドゥ） 12

母音（ऋ を除く）を発音する際に，同時に鼻からも呼気を出す音が鼻母音です．鼻母音は文字上の横線の上に ँ の記号（चन्द्रबिन्दु「チャンドラビンドゥ」）で表します．ただし文字の一部が横線より上に出ている場合，通常は皿の部分 ˘ を除いた ˙ のみを付加します．

音声記号およびローマ字転写では，母音の上に˜の補助記号を付けて表します．

母音字に鼻母音化記号を付加した場合

अँ	आँ	इँ	ईं	उँ	ऊँ	एँ	ऐं	ओं	औं
(ã)	(ā̃)	(ĩ)	(ī̃)	(ũ)	(ū̃)	(ẽ)	(aĩ)	(õ)	(aũ)
/ã/	/ɑ̃/	/ĩ/	/ĩ/	/ũ/	/ũ/	/ẽ/	/aĩ/	/õ/	/aũ/

母音記号が付いた子音字 ग に鼻母音化記号を負荷した場合

गँ	गाँ	गिं	गीं	गुँ	गूँ	गें	गैं	गों	गौं
(gã)	(gā̃)	(gĩ)	(gī̃)	(gũ)	(gū̃)	(gẽ)	(gaĩ)	(gõ)	(gaũ)
/gã/	/gɑ̃/	/gĩ/	/gĩ/	/gũ/	/gũ/	/gẽ/	/gaĩ/	/gõ/	/gaũ/

鼻音化記号が付いた文字は，辞書の配列では，通常鼻音化記号が付かない文字の前に配置されます．

4．子音（半子音字），鼻子音記号と結合文字

通常子音字は，単独では潜在母音/a/を付けて発音することは前に述べたとおりですが，この潜在母音/a/を除いた子音のみの音の表し方には，いくつかの方法があります．

4．1．子音文字の下に हल hal 記号（ ्）を付ける

全ての子音字についてこの方法が使えます．क 行子音字の例を示します．

क्	ख्	ग्	घ्	ङ्
(k)	(kh)	(g)	(gh)	(ṅ)
/k/	/kʰ/	/g/	/gʰ/	/ŋ/

हल 記号（ ्）は単独文字で用いられる他，単語の中では主に縦線が含まれない

文字に使われます．語末以外では，縦線を含む文字には使わないのが一般的です．

４．２．文字の右側を除いて作る

子音字の一部を除くことによって子音であることを表す文字を半子音字と呼びます．このタイプの半子音字の後ろには必ず何らかの子音字が来ます．ですから語末にこのタイプの子音字がくることはありません．半子音は，たとえば ख्‍ (kh) の場合「半分の ख (kha)」と呼ばれます．

ङ (ṅa) や छ (cha) や ट (ṭa) など縦線がない子音字の場合，右半分を取り除くことができないので，この方法で半子音字を作ることができません．

４．２．１．右側に縦線がある子音字の場合

ख (kha) や ग (ga) などのように，文字の右側に縦線があるばあい，この縦線を取り除くことによって半子音字を作ります．

ख्‍ = ख् (kh)　　ग्‍ = ग् (g)　　घ्‍ = घ् (gh)
च्‍ = च् (c)　　ज्‍ = ज् (g)　　झ्‍ = झ् (jh)

４．２．２．真ん中に縦線がある子音字の場合

真ん中に縦線がある क (ka)，झ (jha)，फ (pha) の場合は，縦線の右側に少し残した形で半子音字を作ります．

क्‍ = क् (k)　　झ्‍ = झ् (jh)　　फ्‍ = फ् (ph)

なお右側を除いた半子音字（４．２．）の次に子音字がつづいた文字に母音記号 ि (i) が付く場合は，その半子音字の左側に付きます．しかし हल hal 記号（्）が付いた子音字（４．１．）の場合は，次に続く子音字の左側に ि (i) を付けます．

◯ बाल्टिन (bālṭin) バケツ　　× बालटिन
◯ भड्किलो (bhaḍkilo) 派手な　　× भडि्कलो

４．３．鼻子音記号　13

ネパール語の５つの鼻子音字，すなわち ङ (ṅa)，ञ (ña)，ण (ṇa)，न (na)，म (ma) の場合，潜在母音 (a) を除いて鼻子音「ン」を作るのに，４．１．または４．２．の方法を用いる代わりに，鼻子音の省略形として上部横線の上にシルビンドゥ (शिरबिन्दु) という点（ ं ）で表すことがあります．この点が鼻子音記号です．ローマ字転写では (ṁ) で表します．

慣習上単語によってシルビンドゥを使うものもありますが，通常は半子音字を用いるか，次の結合文字を用いるのが正式とされています．

次にシルビンドゥを使った単語の例を示します．

	省略	正書法	意味	発音
क 行「ン」：	अंक (aṁka) =	अङ्क (aṅka)	数字	/anka アンカ/
च 行「ン」：	पंजा (paṁjā) =	पञ्जा (pañjā)	手袋	/panjɑ パンジャ/
ट 行「ン」：	घंटा (ghaṁṭā) =	घण्टा (ghaṇṭā)	時間	/g^hanṭɑ ガンタ/
त 行「ン」：	अंत (aṁta) =	अन्त (anta)	終わり	/anta アンタ/
प 行「ン」：	संपदा (saṁpadā) =	सम्पदा (sampadā)	遺産	/sampadɑ サンパダー/
その他：	संस्कृत (saṁskṛt) =	संस्कृत	サンスクリット	/sanskrit ǀ samskrit サンスクリット/
	संयुक्त (saṁyukta) =	संयुक्त	結合した	/samyukta サムユクタ/
	हिंसा (hiṁsā) =	हिंसा	殺害	/hinsɑ ǀ himsɑ ヒンサ/

この हिंसा の上の点は鼻子音記号ですが，हिंड्नु (hīḍnu)「歩く」などの上部の点は鼻母音化記号 ँ の省略であることに注意が必要です（鼻母音であることを明確にするために हिँड्नु と綴られることもあります）．

4．4．そのままで　14

動詞や一部の例外を除いて，原則的に名詞，形容詞および擬態語/擬音語などの語末は，子音で終わっていても हल hal 記号（ ्）を付けないのが原則です．つまりこの場合の語末の子音字は潜在母音 /a/ を読みません．同様に２つ以上の単語をつなげた複合語の場合も，各単語の終わりの潜在母音 /a/ を読まないのが普通です．

ただし語末の子音字の直前に母音を含まない子音が来る場合や，ह /ha/ で終わる単語，また多くの後置詞や一部の副詞などは語末の潜在母音 /a/ を読みます．

また詩や歌詞などの場合，韻を踏んだり語調を整えるため，名詞や形容詞であっても語尾の潜在母音 /a/ を読む場合もありますし，いくつかのサンスクリット語の単語など，この規則に当てはまらない例外も存在します．

जापान	○/jɑpɑn/	× /jɑpɑna/	［名］日本	× जापान्
गरिब	○ /garib/	× /gariba/	［形］貧乏な	× गरिब्
कपाकप	○ /kapɑkap/	× /kapɑkapa/	［擬］パクパク	× कपाकप्
अन्न	× /ann/	○ /anna/	［名］穀物	
व्यस्त	× /byest/	○ /byesta/	［形］忙しい	
मह	× /mah/	○ /maha/	［名］蜜	
例外）	○ श्रीमान् /srimɑn/		［名］夫，…氏（敬称）	× श्रीमान

動詞の場合，語末が子音で終わる時は हल hal 記号（ ्）を付ける必要があります．हल 記号がない場合は潜在母音 /a/ を読みます．

गरेन /garena/　しなかった（गर्नु「する」の３人称単数過去否定形）
गरेनन् /garenan/　しなかった（गर्नु「する」の３人称複数過去否定形）

4．5．その他 15

子音が重なる際，子音字と子音字が一体化した結合文字を用いることがあります．

4．5．1．子音 र् (r) に続く子音字がある場合

半子音 र् (r) に続く子音字がある場合，半子音 र् は，रेफ /repʰ/「レフ」と呼ばれる半子音字 ˚ を次に続く子音字の横線の上に書いて表します．

पर्दा /pardɑ/　カーテン

गर्दिनँ /gardinã/　しない（गर्नु「する」の１人称単数現在否定形）

गर्दैन /gardaina/　しない（गर्नु「する」の３人称単数現在否定形）

अर्को /arko/　もう一つの

गर्छौं /garcʰaũ/　する（गर्नु「する」の１人称複数現在肯定形）

後ろに続く子音字が य の場合は次の２つの書き方があり，それぞれ読み方が違います．

○ कार्य /kɑr・ya　カールヤ/　行為　× कार्‍य /kɑ・rya/

○ गऱ्यो /ga・ryo　ガリョ/　した（गर्नु「する」の３人称単数過去形）× गर्यो/ gɑr・yo/

4．5．2．子音の次に र (ra) が続く場合 16

他の子音に र (ra) の音が続く場合は，前の文字は半子音字にせず，そのままの子音字に斜め線 ⸝ や ‸ を加えます．

右に縦線のある子音字に続く場合：राम्रो (rāmro) 良い

中に縦線のある子音字に続く場合： फ्रान्स (phrāns) フランス

द に続く場合： द्र　केन्द्र (kendra) 中心

ह に続く場合： ह्र　बाह्र (bāhra) 12

縦線がないそれ以外の子音字に続く場合：राष्ट्र (rāṣṭra) 国家

4．5．3．子音の次に य (ya) が続く場合 17

र (ra) 以外の縦線のない子音に य (ya) が続く場合，च を使うことがあります．च を使う場合は直前の子音は，半子音字にしたり हल hal 記号（ ्）を付けたりせず，そのままの子音字を使います．

टचाम्पो ＝ ट्याम्पो (ṭyāmpo) オート三輪

4．5．4．その他の子音字の結合文字

次のように縦線がない子音字に他の子音が付く場合，ネパール語では横につなげるよりも，縦につなげるほうが好まれます

ट्ट (ṭṭa) ＝ ट् (ṭ) ＋ ट (ṭa)　　ड्ढ (ḍḍha) ＝ ड् (ḍ) ＋ ढ (ḍha)

ट्ठ (ṭṭha) ＝ ट् (ṭ) ＋ ठ (ṭha)　　द्द (dda) ＝ द् (d) ＋ द (da)

ड्ड (ḍḍa) ＝ ड् (ḍ) ＋ ड (ḍa)

この他にもいろいろな結合の仕方がありますので，次に例を挙げます．

ङ्क (ṅka) = ङ् (ṅ) + क (ka)	द्य (dya) = द् (d) + य (ya)
ङ्ख (ṅkha) = ङ् (ṅ) + ख (kha)	द्व (dwa) = द् (d) + व (wa)
ङ्ग (ṅga) = ङ् (ṅ) + ग (ga)	न्न (nna) = न् (n) + न (na)
ङ्घ (ṅgha) = ङ् (ṅ) + घ (gha)	श्र (śra) = श् (ś) + र (ra)
त्त (tta) = त् (t) + त (ta)	श्व (śwa) = श् (ś) + व (wa)
क्त (kta) = क् (k) + त (ta)	ह्ण (hṇa) = ह् (h) + ण (ṇa)
क्र (kra) = क् (k) + र (ra)	ह्न (hna) = ह् (h) + न (na)
द्ध (ddha) = द् (d) + ध (dha)	ह्व (hwa) = ह् (h) + व (wa)
द्म (dma) = द् (d) + म (ma)	

5．その他の記号，特殊文字と数字

5．1．記号と特殊文字 18

। 文章の終わりに付ける．句点，ピリオドに相当．पूर्णविराम /purna birɑm/

, 文章内の区切りに付ける．読点，コンマに相当．अल्पविराम /alpa birɑm/

? 疑問文に付ける．疑問符．प्रश्न-चिन्ह /prasna cinna/

; セミコロン．ネパール語ではあまり使われない．अर्द्धविराम /ard^{h}a birɑm/

! 感嘆や強調を表す．感嘆符，エクスクラメーションマーク．
विस्मयादिबोदक-चिन्ह /bismayɑdibodak cinna/

' ' " " 引用符 उद्धरण-चिन्ह /udd^{h}aran cinna/ には，強調や引用を表すシングル एकोहोरो उद्धरण-चिन्ह /ekohoro udd^{h}aran cinna/ と，おもに発話などを表すダブル दोहोरो उद्धरण-चिन्ह /dohoro udd^{h}aran cinna/ があります．

: サンスクリット語起源の限られた単語に付けられる．विसर्ग /bisarga/ といい，ローマ字転写では，(ḥ) で表されます．現代ネパール語ではつづりにのみ残っており，通常は発音されません．
दु:ख (duḥkha) /dukk^{h}a/ 苦しみ　अत: (ataḥ) /ata:/ それゆえ

ऽ 本来サンスクリット語でのみ用いられる，अवग्रह: /abagraha/．現代ネパール語では，ため息や叫び声などの長音を表すのに使われることがあります．
क्याऽऽ (kyā:) /kyɑ:/ キャー（叫び声）

ॐ オーム真言（マントラ）．ॐ = अ (a) + उ (u) + म् (m) = ओं (auṁ) /o:m/

5．2．数字

ネパールではデバナガリ文字の数字をよく目にします．1，5，8，9にはバリエーションもあるので注意が必要です．

० /sunye/ 0	१ /ek/ 1	२ /dui/ 2	३ /tin/ 3	४ /car/ 4
५ /pãc/ 5	६ /c^{h}a/ 6	७ /sɑt/ 7	८ /ɑṭ^{h}/ 8	९ /nau/ 9

1 (एक) तपाईंको नाम के हो ?

あなたの名前は何ですか？

(ek) tapaīko nam ke ho
(エク) タパイコ ナーム ケ ホ

19

1）**A**：नमस्ते, मेरो नाम राम हो । तपाईंको नाम के हो ?
namaste mero nam ram ho tapaīko nam ke ho
ナマステ メロ ナーム ラーム ホ タパイコ ナーム ケ ホ

B：नमस्कार, रामजी । मेरो नाम यामासाकी हो ।
namaskar ramji mero nam yamasaki ho
ナマスカール ラームジ メロ ナーム ヤマサキ ホ

2）**A**：यो के हो ?
yo ke ho
ヨ ケ ホ

B：त्यो तरकारी हो ।
tyo tarkari ho
テョ タルカリ ホ

A：त्यो पनि तरकारी हो ?
tyo pani tarkari ho
テョ パニ タルカリ ホ

B：होइन, यो तरकारी होइन । यो अचार हो ।
hoina yo tarkari hoina yo acar ho
ホイナ ヨ タルカリ ホイナ ヨ アチャール ホ

A：ए, त्यो केको अचार हो ?
e tyo keko acar ho
エー テョ ケコ アチャール ホ

B：यो मूलाको अचार हो ।
yo mulako acar ho
ヨ ムラコ アチャール ホ

【単　語】

20

एक ek १，１，１つの
नमस्ते namaste（挨拶の言葉）→コラム
मेरो mero［代］私の
नाम nam 名前
राम ram ラム（男子名）
हो ho　＜ हुनु［自動］→解説
तपाईं tapaĩ　［代］あなた
-को ko［後］…の（所有や所属を表す）
　तपाईंको「あなたの」→解説
के ke［疑代］何　→解説
नमस्कार namaskar（挨拶の言葉）→コラム
-जी ji［尾］…さん，様　＝ज्यू　→解説
यामासाकी yamasaki 山崎（日本人姓）
यो yo［代］これ/この　→解説
त्यो tyo［代］それ/その，あれ/あの　→解説
तरकारी tarkari 野菜，おかず，カレー
पनि pani［副］…も
होइन hoina　＜ हुनु［自動］→解説
अचार acar 漬け物，添え物
ए e［間］えー（相づち，驚き，感嘆，立腹など）
केको keko 何の　＜ के＋को
मूला mula 大根

【訳】

1）A：こんにちは，私の名前はラムです．あなたの名前は何ですか？
　B：こんにちは，ラムさん．私の名前は山崎です．

2）A：これは何ですか？
　B：それはカレー（野菜）です．
　A：それもカレーですか？
　B：いいえ，これはカレーではありません．これは漬け物です．
　A：へえ，それは何の漬け物ですか？
　B：これは大根の漬け物です．

【解　説】

1．हो「…です」と होइन「…ではありません」

हुनु hunu は特殊な動詞で，他の動詞（一般動詞）と違い，現在形では3つの形をもちます．すなわち，3人称単数では，हो ho，छ c^ha，हुन्छ $hunc^ha$ の形をとり，それぞれの表す意味が異なります．हो は，おもに名詞など（体言）について叙述「…です/だ」を表し，否定形は होइन hoina「…ではありません/ではない」です．हो と होइन は主語が3人称単数の場合の肯定形と否定形です．

平叙文の終わりには，日本語の句点にあたる終止記号（।）を付けます．疑問文には疑問符（?）を付けます．

平叙文の文末の動詞（हो，छ など）のイントネーションを上げると Yes/No を問う疑問文になります．疑問詞（के，कसको など）がある場合は文末のイントネーションを上げる必要はありません．疑問詞がある場合，イントネーションをやや上げると優しい感じになり，下げすぎると問いつめる感じになります．

यो सुन्तला हो ? ↗ yo suntala ho　これはミカンですか？
यो सुन्तला हो । ↘ yo suntala ho　これはミカンです．

हो ho「です」/ होइन hoina「ではありません」は，Yes/No を問う疑問文に対する返事としても使われ，肯定 हो ho「はい」，否定 होइन hoina「いいえ」となります．また अँ ã（肯定）や अहँ ahã（否定）も返事として使われますが，हो/होइन よりやや無遠慮な表現になります．

否定疑問に対する，はい/いいえの返事の仕方は，どちらかといえば英語の Yes/No（意味の肯定/否定）よりは日本語のはい/いいえ（内容の肯定/否定）に近いですが，答え方によってはどちらで対応することもできる場合があるので，注意が必要です．

यो गिलास तपाईंको होइन ?　このコップはあなたのではありませんか？
yo gilas tapaīko hoina
ヨ ギラース タパイコ ホイナ

अहँ, त्यो मेरो गिलास होइन ।　いいえ，それは私のコップではありません．
ahã tyo mero gilas hoina
アハン テョ メロ ギラース ホイナ

なお，日本語の言い切りの形「だ」と丁寧な形「です」のような区別はありません．

2．指示代名詞

指示代名詞は，おもに यो yo「これ/この」（近称）と त्यो tyo「それ/その，あれ

/あの」（中称/遠称）を使います．遠称を表すのにしばしば ऊ u「あれ」を使うこともあります．これらは３人称代名詞と同じです．複数を表すにはそれぞれ यिनीहरू iniharu「これら」，तिनीहरू tiniharu「それら/あれら」となります．

また可算名詞（名詞を表す形容詞，名詞句を含む）に -हरू haru を付けて複数を表すことができますが，１文の中で -हरू の重複は避けられる傾向にあります．

３．語順

ネパール語の文章の語順は日本語と大変よく似ています．原則的に主語が最初に来て，動詞が最後になります．

修飾－被修飾の関係は，形容詞など修飾する語が通常被修飾語の直前におかれます．助詞はありませんが，日本語の助詞と同じような働きをする後置詞が使われます．後置詞は直前の単語につなげて書き，分かち書きにはしません．

たとえば -को は「...の」を表す後置詞です．ただし代名詞に付く場合，複数を表す -हरू と尊敬の तपाईं，उहाँ の後ろには直接 -को が付きますが，それ以外は以下の通り形が変わって「...の」を表します．

म → मेरो mero	हामी → हाम्रो hamro	तँ → तेरो tero
तिमी → तिम्रो timro	ऊ → उसको usko	त्यो → त्यसको tyesko
यो → यसको yesko	उनी → उनको unko	तिनी → तिनको tinko
यिनी → यिनको yinko		

４．-जी

-जी ji は日本語の「...さん」に相当する言葉で，相手に敬意を表します．姓・名どちらにも付けることができます（女性に対しては名に付けることが多いようです）．ネパール人同士親しい間柄では -जी を付けずに，名前を呼び捨てにすることが多くみられます．

ヒマラヤのしずく

◆ナマステ

ネパール語で挨拶は，「おはよう」「こんにちは」「こんばんは」のすべてが「ナマステ」**नमस्ते** １つで事足ります．別れる際のさようならにも使うことができます．ネパールやインドの人が胸の前で手を合わせ「ナマステ」をしている姿は一度はテレビなどで見たことがあるでしょう．

「ナマステ」の代わりに「ナマスカール」**नमस्कार** と言うこともあります．この２つは基本的にはどちらを使っても構いません．あえて言うなら「ナマスカール」の方がやや固い印象を与えるでしょう．

2 (दुई) कलम कहाँ छ?

(dui) kalam kahã c^{h}a
（ドゥイ） カラム カハン チャ

ペンはどこにありますか？

1） **A**：कलम कहाँ छ ?
kalam kahã c^{h}a
カラム カハン チャ

B：मेरो झोलामा छ ।
mero j^{h}olama c^{h}a
メロ ジョラマ チャ

A：तपाईंको झोला खै ?
tapaĩko j^{h}ola k^{h}ai
タパイコ ジョラ カイ

B：यहाँ छैन । कोठामा छ ।
yahã c^{h}aina koṭ^{h}ama c^{h}a
ヤハン チャイナ コタマ チャ

A：कापी छैन ?
kapi c^{h}aina
カピ チャイナ

B：छ, तर कापी पनि कोठामा छ ।
c^{h}a tara kapi pani koṭ^{h}ama c^{h}a
チャ タラ カピ パニ コタマ チャ

2） **A**：अरू के के छ ?
aru ke ke c^{h}a
アル ケ ケ チャ

B：एउटा किताब छ ।
euṭa kitab c^{h}a
エウタ キターブ チャ

A：त्यो किताब कस्तो छ ?
tyo kitab kasto c^{h}a
テヨ キターブ カスト チャ

B：धेरै रमाइलो छ र राम्रो पनि छ ।
d^{h}erai ramailo c^{h}a ra ramro pani c^{h}a
デレイ ラマイロ チャ ラ ラムロ パニ チャ

【単　語】

22

दुई dui २，２，２つの
कलम kalam ペン　＞सिसाकलम 鉛筆
कहाँ kahã ［疑副］どこ（で，に，へ）
छ cʰa　＜हुनु ［自動］→解説
झोला jʰola かばん，袋
-मा ma ［後］…で，…に，…へ　→解説
खै kʰai ［不変］さあ，はて（疑念，疑問を表す）
यहाँ yahã ［副］ここ（で，に，へ）
छैन cʰaina　＜हुनु ［自動］→解説
कोठा koṭʰa 部屋
कापी kapi ノート
तर tara ［接］しかし
अरू aru ［形］他の，別の
एउटा euṭa ［形］ひとつの＜एक + वटा 「個」
किताब kitab 本，書籍
कस्तो kasto ［疑形］どんな，どのような
धेरै dʰerai ［副］とても；［形］たくさん
रमाइलो ramailo ［形］楽しい，面白い，愉快な，気持ちのいい
र ra ［接］そして，および，…と
राम्रो ramro ［形］良い，すばらしい

【訳】

1）A：ペンはどこにありますか？
　B：私の鞄（の中）にあります．
　A：あなたの鞄はどこですか？
　B：ここにはありません．部屋にあります．
　A：ノートはありませんか？
　B：あります，でもノートも部屋にあります．
2）A：他に何々がありますか？
　B：本が１冊あります．
　A：その本はいかがですか？
　B：とても面白いですし，良い本でもあります．

【解　説】

1．छ「…あります」と छैन「…ありません」

動詞 हुनु hunu の現在形の3つの形のうち छ c^ha の形は存在「…あります/ある」を表します．これの否定形は छैन c^haina「…ありません/ない」になります．छ と छैन は主語がモノや3人称単数の場合の形です．

2．場所を表す副詞と後置詞 -मा

場所を表す副詞も指示代名詞と同じように，近称，中称/遠称を持ちます．場所を表す疑問詞は कहाँ kahã です．指示代名詞もそうですが，近称，中称/遠称，疑問詞は，それぞれ Y，T，U，K の音から始まります．これは日本語の「こそあど」と同じようなものと考えて良いでしょう．

यहाँ yahã　ここに（で，へ）
त्यहाँ tyahã　そこに（で，へ），あそこに（で，へ）
उहाँ wahã　あそこに（で，へ）
कहाँ kahã　どこに（で，へ）

後置詞 -मा ma は名詞等に付いて場所・方角・場合・状況・配分の基準などを表します．日本語では場所を表す指示代名詞（ここ，そこ，あそこ，どこ）に助詞（に，で，へ等）が付きますが，ネパール語の यहाँ 等はそれ自体が副詞なので -मा は決して付かないので注意してください．

टेबलमा किताब छैन । ṭebalma kitab c^haina　机（の上）に本はありません．
त्यहाँ कापी छ । tyahã kapi c^ha　そこにノートがあります．（× त्यहाँमा कापी छ ।）

3．形容詞＋छ/छैन，हो/होइन

छ とその否定形 छैन は形容詞に付くと，存在ではなく，叙述を表します．

यो किताब नयाँ छ । yo kitab nayã c^ha　この本は新しい．
यो किताब पुरानो छैन । yo kitab purano c^haina　この本は古くない．

形容詞に हो/होइन 付く場合もありますが，これはその形容詞の後に名詞などが隠れていると考えるべきです．ニュアンスは छ/छैन が付く場合より説明的な感じになります．

यो किताब नयाँ हो । yo kitab nayã ho　この本は新しいんだ（この本は新しい（本）だ）．

यो किताब पुरानो होइन । yo kitab purano hoina

この本は古くないんだ（この本は古い（本）ではない）.

ヒマラヤのしずく

◆ ネパール語と英語(1)

実際の口語では，英単語を混ぜたネパール語がよく使われます．私たち外国人も，簡単な英単語を混ぜることによって，会話の幅を広げることができるでしょう．ただし日本人の英語の発音とネパール人の英語の発音の間には大きな隔たりがあることを頭に入れておかなければなりません．

たとえば「ありがとう」と軽く感謝の気持ちを表す場合，ネパール語の **धन्यवाद** よりも，むしろ英語の thank you がよく使われます．しかし日本式にサンキューと言っても通じません．ネパール語では **थाङ्क्यू** t^hankyu つまりタンキューになるのです．

以下ネパール人が英語をデバナガリ文字で書き表す際のおおざっぱな法則を知っておくと便利です．

英語	ネパール語	音素	カナ	意味
t	टी	ṭi	ティー（反舌音）	t の文字
d	डी	ḍi	ディー（反舌音）	d の文字
thank	थाङ्क	t^hank	タンク	感謝
the	द	da	ダ	the（定冠詞）
v	भी	b^hi	ビー（有気音）	v の文字
visa	भिसा	b^hisa	ビサ	ビザ
soap	सोप	sop	ショプ	石鹸
shop	शप	sap	ショプ	店
walk	वाक	wak	ワーク	歩くこと
work	वर्क	wark	ウォルク	仕事
station	स्टेशन	isṭesan	イステシャン	駅

練習問題　1

1．次の語を発音して，日本語の意味を言いなさい． 23

1）नमस्ते　2）तपाईं　3）तरकारी　4）कलम　5）यहाँ

6）कोठा　7）पनि　8）अरू　9）एउटा　10）कस्तो

2．次の日本語をネパール語で書き，発音しなさい．

1）私の名前　2）それ　3）大根　4）どこ　5）かばん

6）ノート　7）本　8）何　9）おもしろい　10）良い

3．カッコの中に単語を入れて読みなさい（該当する番号の単語をそれぞれ当てはめること）．

1）यो केको（　१　）हो？

2）त्यो（　२　）को（　१　）हो।

3）（　३　）मा（　२　）छ/छैन।

4）यो（　२　）（　४　）छ/छैन।

१　तरकारी, मासु, अचार

२　आलु, काउली
　कुखुरा, खसी
　काँक्रो, गोलभेंडा

३　कोठा, घर, बारी, गाउँ

४　राम्रो, मीठा, ठूलो, सानो

4．次の文を読み，日本語に訳しなさい． 24

1）तपाईंको नाम तानाका हो？

2）यो रामको कलम होइन।

3）यो तपाईंको गिलास हो？

4）मेरो झोला कस्तो छ？

5）मेरो घरमा रमाइलो किताब छैन।

5．次の日本語の文をネパール語で書き，読みなさい． 25

1）私の名前は山田ひろしです．

2）それは何ですか？
3）大根はどこにありますか？
4）部屋に漬け物もあります.
5）机の上に上等の（良い）ノートはありません.

मासु 肉　**आलु** ジャガイモ　**काउली** カリフラワー　**कुखुरा** ニワトリ
खसी 去勢ヤギ　**काँक्रो** キュウリ　**गोलभेंडा** トマト　**घर** 家
बारी 畑　**गाउँ** 村　**मीठो** おいしい　**ठूलो** 大きい　**सानो** 小さい

ヒマラヤのしずく

◆ネパール語の起源

ネパールというとまずヒマラヤ，エベレスト，あるいはチベット的な文化を思い浮かべる日本人は多いことでしょう．しかしネパール語は，じつはインドの古典語であるサンスクリット語をその起源に持つ，インド=ヨーロッパ語族の言語です．

ネパール語として成立したのは，発見された中世の碑文などから，西暦11世紀頃だろうとされており，インド亜大陸の他の言語，たとえばヒンディー語，ベンガル語，マラティ語などとは姉妹言語の関係になります．

3 (तीन) म जापानी हुँ।

(tin) ma japani hũ
(ティン) マ ジャパニ フン

私は日本人です

26

A : श्यामजी शिक्षक हुनुहुन्छ कि डाक्टर ?
shyamji shicchak hunuhunccha ki ḍakṭar
シャームジ シッチャック フヌフンチャ キ ダクタル

B : उहाँ यो गाउँको शिक्षक हुनुहुन्छ। उहाँ डाक्टर हुनुहुन्न।
wahã yo gaũko shicchak hunuhunccha wahã ḍakṭar hunuhunna
ワハン ヨ ガウンコ シッチャック フヌフンチャ ワハン ダクタル フヌフンナ

A : त्यो को हो ?
tyo ko ho
テョ コ ホ

B : ऊ राम हो।
u ram ho
ウ ラーム ホ

A : राम कुन देशको केटो हो ?
ram kun desko keṭo ho
ラーム クン デスコ ケト ホ

B : ऊ नेपाली हो तर यो गाउँको केटो होइन।
u nepali ho tara yo gaũko keṭo hoina
ウ ネパリ ホ タラ ヨ ガウンコ ケト ホイナ

तपाईं नेपाली हुनुहुन्छ ?
tapaĩ nepali hunuhunccha
タパイ ネパリ フヌフンチャ

A : अहँ, म नेपाली होइनँ, जापानी हुँ।
ahã ma nepali hoinã japani hũ
アハン マ ネパリ ホイナ ジャパニ フン

【単　語】

27

तीन tin ३, 3, 3つの
श्याम syam シャム（男子名）
शिक्षक sicchak 教師（職業名）⇔ शिक्षिका（女性形）
हुनुहुन्छ hunuhuncha ＜ हुनु［自動］→解説
कि ki［接］あるいは，または
डाक्टर ḍakṭar 医者（doctor）
उहाँ wahã［代］彼/彼女（3人称尊敬形）→解説
गाउँ gaũ 村 ⇔ शहर 町
हुनुहुन्न hunuhunna ＜ हुनु［自動］→解説
को ko［疑代］誰（が，は）
ऊ u［代］彼/彼女（3人称単数）→解説
कुन kun［疑形］どの，どちらの
देश des 国
केटो keṭo 少年，男子 ⇔ केटी 少女，女子
नेपाली nepali ネパールの，（ネパール人，ネパール語など）＜ नेपाल ネパール→解説
अहँ ahã［間］いいえ（否定の返事）⇔ अँ うん
म ma［代］私（が，は）（1人称単数）→解説
होइनँ hoinã ＜ हुनु［自動］→解説
जापानी japani 日本の，（日本人，日本語など）＜ जापान 日本
हुँ hũ ＜ हुनु［自動］→解説

【訳】

A：シャムさんは教師ですか，それとも医者ですか？
B：彼はこの村の教師です．彼は医者ではありません．
A：あれは誰ですか？
B：彼はラムです．
A：ラムはどの国の男の子ですか？
B：彼はネパール人ですが，この村の男の子ではありません．
　あなたはネパール人ですか？
A：いいえ，私はネパール人ではありません．日本人です．

【解　説】

1．人称代名詞

ネパール語の人称代名詞には，性差がなく，男女ともに同じ人称代名詞を使います．

人称代名詞は，動詞変化を伴うグループ（親称）と，変化がない尊敬表現（尊称）に分けられます．

親称の中で，２人称と３人称には，尊敬の程度で２つのレベルがあります．尊敬を含まない第１レベルには２人称の तँ tã「きさま，お前」と３人称の ऊ u「彼/彼女」があります．親しさやある程度の敬意を含む第２レベルは，２人称の तिमी timi「お前/君」と３人称の उनी uni「彼/彼女」です．また ऊ と उनी にはそれぞれ近称，中称/遠称を表す，यो yo「こいつ」，त्यो tyo「そいつ/あいつ」と यिनी ini「この人」，तिनी tini「その人/あの人」があります．

尊称の तपाईं tapaĩ「あなた」（２人称）と उहाँ wahã「彼/彼女，あの方」（３人称）には敬意が含まれます．私たち外国人はまずこの尊称から覚えて使うのが望ましいでしょう．

複数を表すには，基本的には接尾辞 -हरू haru を付けます．しかし１人称 म および第１レベルの人称代名詞 तँ と ऊ には -हरू を付けた形はありません．１人称複数「私たち」は，हामी hami あるいは हामीहरू hamiharu の形になります．親称の第２レベルの代名詞はそれぞれ -हरू haru を付け，तिमीहरू timiharu，उनीहरू uniharu とし，複数を表します．

人称代名詞については，巻末の付録１を参照してください．

2．हो の人称変化（हो 活用）

ネパール語の動詞は，人称と尊敬のレベルによって活用が異なります．ここでは動詞 हुनु hunu の現在形３つの形のうち１課で扱った叙述を表す हो ho「...です」にあたる人称変化表を下に示します．初めのうちはほとんど使用する必要のない２人称の親称（तँ，तिमी）とその複数形はこの表には示していません．また３人称親称の近称と中称/遠称（यो，त्यो と यिनी，तिनी）とその複数形は，それぞれ ऊ と उनी と同じ動詞の活用形をとるので省略してあります．必要に応じて巻末の付録２を参照してください．

このようにネパール語では尊敬のレベルによって動詞が異なる形になりますが，第１章でも述べたとおり，日本語の言い切りの形「だ」と丁寧な形「です」のような区別はありません．

親称		単数			複数	
		肯定	/否定		肯定	/否定
1人称	**म** ma	**हुँ** hū	/**होइनँ** hoinā	हामी(हरू) hami(haru)	हौं haū	/होइनौं hoinaū
3人称	**ऊ** u	**हो** ho	/**होइन** hoina	उनीहरू uniharu	हुन् hun	/होइनन् hoinan
	उनी uni	हुन् hun	/होइनन् hoinan			

尊称	単数	複数	肯定	/否定
2人称	**तपाईं** tapaī	तपाईंहरू tapaīharu	**हुनुहुन्छ** hunuhunc^{h}a	/**हुनुहुन्न** hunuhunna
3人称	**उहाँ** wahā	उहाँहरू wahāharu		

まず最初に太字で示した1人称単数，3人称第1レベル単数，そして尊称の変化を覚えましょう．その次に1人称複数と3人称第2レベルを覚えてください．なお，尊称の हुनुहुन्छ/हुनुहुन्न の形は，動詞 हुनु の3つの用法の形（हो，छ，हुन्छ）に共通です．

3．形容詞の名詞的用法

形容詞は通常その後ろに来る名詞を修飾する働きをしますが，ネパール語では，その名詞が省略できる場合には，形容詞があたかも名詞であるような働きをします．

たとえば，名詞 **नेपाल** nepal「ネパール」に対して，本来 **नेपाली** nepali「ネパールの」は形容詞ですが，文脈に応じ，その後ろに来るべき名詞，たとえば **मान्छे** manc^{h}e「人」や，**भाषा** b^{h}asa「言語」が省略され，単独でネパール人，ネパール語などを表し，一般の名詞と同等の働きをします．

4 (चार) घरमा कोही हुनुहुन्छ ?

家に誰かいらっしゃいますか？

(car) g^{h}arma kohi hunuhunc^{h}a
(チャール) ガルマ コヒ フヌフンチャ

28

1）**A**：आज घरमा कोही हुनुहुन्छ ?
aja g^{h}arma kohi hunuhunc^{h}a
アジャ ガルマ コヒ フヌフンチャ

B：आमा र दिदी हुनुहुन्छ । अँ, भाइ पनि छ ।
ama ra didi hunuhunc^{h}a ã b^{h}ai pani c^{h}a
アマ ラ ディディ フヌフンチャ アン バイ パニ チャ

A：तपाईं अहिले घरमा हुनुहुन्न ?
tapaĩ aile g^{h}arma hunuhunna
タパイ アイレ ガルマ フヌフンナ

B：हजुर, म हिजो बेलुकादेखि घरमा छैनँ ।
hajur ma hijo belukadek^{h}i g^{h}arma c^{h}ainã
ハジュル マ ヒジョ ベルカデキ ガルマ チャイナ

2）**A**：तपाईं सन्चै हुनुहुन्छ ?
tapaĩ sancai hunuhunc^{h}a
タパイ サンチャイ フヌフンチャ

B：म सन्चै छु । तपाईंलाई सन्चै छ ?
ma sancai c^{h}u tapaĩlai sancai c^{h}a
マ サンチャイ チュ タパイライ サンチャイ チャ

A：धन्यवाद ! मलाई पनि सन्चै छ ।
d^{h}anyebad malai pani sancai c^{h}a
ダンネバード マライ パニ サンチャイ チャ

【単　語】

29

चार car ४，４，４つの

आज aja［副］今日　＞ भोलि 明日

घर g^{h}ar 家，建物，家庭

कोही kohi［不代］（肯定文で）誰かが，（否定文で）誰も（接続形は कसै）→解説

आमा ama 母　＞ बुबा 父

दिदी didi 姉，従姉（年上の女性に対する呼びかけにも）＞ बहिनी 妹

अँ ã［間］はい，うん（肯定の返事）

भाइ b^{h}ai 弟，従弟（年下の男性に対する呼びかけにも）＞ दाइ 兄

हजुर hajur［間］はい（呼びかけに対する返事）；［代］あなた様

अहिले ahile/aile 今

छु c^{h}u　＜ हुनु［自動］→解説

हिजो hijo［副］昨日

बेलुका beluka［副］晩　＞ बिहान 朝　दिउँसो 昼　राती 夜

-देखि dek^{h}i［後］…から（おもに時，数字に関する）

छैनँ c^{h}ainã　＜ हुनु［自動］→解説

सन्चै sancai［形］元気な　＜ सन्चो ＋ नै →解説

-लाई lai［後］…に　→解説

धन्यवाद d^{h}anyebad［間］ありがとう；［名］感謝

【訳】

1）A：今日家に誰かいらっしゃいますか？

B：母と姉がいます．そうそう，弟もいます．

A：あなたは今家にいらっしゃいませんか？

B：はい，私は昨晩から家にいません．

2）A：お元気ですか？

B：私は元気です．あなたはお元気ですか？

A：ありがとうございます．私も元気です．

【解　説】

1．छ の人称変化（छ 活用）

動詞 हुनु hunu の現在形３つの形のうち，２課で扱った存在を表す छ c^ha「…があります」の人称による変化です．なお हो ho の時と同様，あまり使う機会のない तँ, तिमी は省略しています．３人称では，モノの存在（ある）と，人間の存在（いる）の区別はなく，ऊ（त्यो, यो）では，モノの時と同じ छ を使います．

３課でも述べたとおり，尊称は人称，数にかかわらず हुनुहुन्छ/हुनुहुन्न となります．

親称	単数	肯定	/否定	複数	肯定	/否定
１人称	म ma	छु c^hu	/छैनँ $c^haină$	हामी(हरू) hami(haru)	छौं $c^haū$	/छैनौं $c^hainaū$
３人称	ऊ u	छ c^ha	/छैन c^haina	उनीहरू uniharu	छन् c^han	/छैनन् c^hainan
	उनी uni	छन् c^han	/छैनन् c^hainan			

尊称	単数	複数	肯定	/否定
２人称	तपाईं tapaī	तपाईंहरू tapaīharu	हुनुहुन्छ $hunuhunc^ha$	/हुनुहुन्न hunuhunna
３人称	उहाँ wahā	उहाँहरू wahāharu		

とくに छ の人称変化は，様々な時制を作る際にも使われますので，くり返しくり返し練習して完全に身につけるようにしてください．

2．形容詞＋छ 活用

ऊ मूर्ख छ। u $murk^ha$ c^ha　　彼（彼女）は愚かです．
म अग्लो छैनँ। ma aglo $c^haină$　　私は背が高くありません．

通常上記のように，छ の活用が人の性質や性格を表す形容詞と共に使われ，その人の性質や性格などを表します．また हो の活用を使う場合がありますが，これはその形容詞の後ろに मान्छे $manc^he$，मानिस manis「人」が省略されていると考えるべきです．この場合説明的な感じになります．

ऊ मूर्ख हो । u murkʰa ho　　彼（彼女）は愚か者です．
म अग्लो होइनँ । ma aglo hoinā　私は背が高いのではありません．

ただし尊称の場合は，いずれにしても हुनुहुन्छ ですので，場面によってどちらのニュアンスも含まれます．

ढकालजी दयालु हुनुहुन्छ । ḍʰakalji dayalu hunuhuncʰa　ダカールさんは親切（な人）です．

3．挨拶の表現

「元気ですか？」「はい元気です」というような挨拶の表現には，２通りの表し方があります．すなわち，तपाईं सन्चै हुनुहुन्छ ？ म सन्चै छु । では主語の人称によって動詞が活用しますが，तपाईंलाई सन्चै छ ？ मलाई सन्चै छ । のように，人称に後置詞 लाई lai を付けた場合には，人称にかかわらずつねに動詞は छ になり活用しません．

他に挨拶の表現としては以下のようなものもあります．

तपाईंलाई कस्तो छ ?	いかがですか？	तपाईंलाई आरामै छ ?	お元気ですか？
मलाई ठीक छ ।	私は元気です．	मलाई आरामै छ ।	私は元気です．

なお実際の挨拶の場面では，सन्चै हुनुहुन्छ ?，सन्चै छु ।あるいは，सन्चै छ ?，सन्चै छ ।のように人称を省略してもかまいません．

4．疑問詞と不定代名詞

को は「誰（が・は)」を表す疑問詞ですが，これを強調した形 कोही は，肯定文では「誰か（が・は)」を，否定文では「誰も」を表す不定代名詞になります．

次に को 以外のいくつかの疑問詞と不定代名詞をあげます．

			肯定文	否定文
को ko	誰（が・は）	कोही kohi	誰か	誰も
के ke	何（が・は）	केही kehi	何か	何も
कहाँ kahā	どこに（で，へ）	कहीं kahī	どこかに	どこにも
कुन kun	どの	कुनै kunai	いずれかの	いずれの…も

को छ ?　誰がいる？　　कोही छ ।　誰かいる．　　कोही छैन ।　誰もいない．

練習問題 2

1．次の語を発音して，日本語の意味を言いなさい．

1）आज　2）गाउँ　3）भाइ　4）डाक्टर　5）आमा

6）बहिनी　7）धन्यवाद　8）बेलुका　9）कुन　10）जापानी केटो

2．次の日本語をネパール語で書き，発音しなさい．

1）明日　2）...から　3）町　4）国　5）家

6）父　7）姉　8）愚か者　9）朝　10）今

3．カッコの中に हो または छ のどちらか正しい動詞を，肯定か否定か指定された通り正しく活用させて読みなさい．そして日本語の意味を言いなさい． 30

1）म विद्यार्थी（　　　　）। (肯定)

2）ऊ मेरो भाइ（　　　　）। (否定)

3）रामको छोरो जापानमा（　　　　）। (肯定)

4）तपाईंलाई सञ्चै（　　　　）？(肯定)

5）सीताको दाजु कोठामा（　　　　）। (否定)

4．<>内の疑問詞を不定代名詞に変えてカッコの中にあてはめて読みなさい．そして日本語の意味を言いなさい． 31

1）आज घरमा（　　　　）छैन।　< को >

2）झोलामा（　　　　）छ？　< के >

3）मेरो चश्मा（　　　　）छैन।　< कहाँ >

5．次のネパール語を読み，日本語に訳しなさい． 32

1）यो गाउँमा डाक्टर छैन।
श्याम डाक्टर होइन？

2）तपाईंलाई कस्तो छ？
धन्यवाद, मलाई आरामै छ।

3）तपाईंहरूमा कोही नेपाली हुनुहुन्छ？
हामीहरू सबैजना जापानी हौं।

6．次の日本語をネパール語に訳し，読みなさい． 33

1）あなたの妹は教師ですか？
2）私の妹は学生です．
3）ラム (राम) とシャム (श्याम) は弁護士です．
4）あなたのお父さんはお元気ですか？
5）はい，私の父は元気です．
6）シタ (सीता) さんは怠け者ですか？
7）いいえ，彼女は努力家です．
8）そして彼女は親切な方です．
9）あなたの息子はどこかにいますか？
10）私の息子はどこにもいません．

दाजु/दाइ 兄　वकील 弁護士　विद्यार्थी 学生，生徒　चश्मा メガネ
अल्छी 怠け者　मेहनती 努力家　दयालु 親切な　सबैजना 全員

ヒマラヤのしずく

◆数詞

日本語の数詞は，1～10の組み合わせで99まで数えることができますが，ネパール語の数詞はそういう訳にはいきません．

巻末付録8.の表を見てみてください．11以上を見ると，1の位が先に，その後に10の位が，ほぼ規則的についているのが分かると思います．とはいえ，そのつなげ方は必ずしも一定ではなく，覚えるのはなかなか大変です．

これを体得した者だけがネパール語の数字を制することができるのです．表とにらめっこしながら，頑張ってくり返し練習してください．

5 (पाँच) म भोलि पाटन जान्छु।

私は明日パタンに行きます

(pāc) ma bʰoli paṭan jancʰu
(パーンツ) マ ボリ パタン ジャンチュ

34

1） **A**：श्यामजी, तपाईं भोलि कहाँ जानुहुन्छ ?
syamji tapaī bʰoli kahã januhuncʰa
シャームジ タパイ ボリ カハン ジャヌフンチャ

B：म भोलि पाटन जान्छु। राम पनि सँगै जान्छ।
ma bʰoli paṭan jancʰu ram pani sãgai jancʰa
マ ボリ パタン ジャンチュ ラム パニ サンガイ ジャンチャ

A：त्यहाँ के गर्नुहुन्छ ?
tyahã ke garnuhuncʰa
テャハン ケ ガルヌフンチャ？

B：हामी सिनेमा हेर्छौं। त्यसपछि म एक्लै किनमेल गर्छु।
hami sinema hercʰaũ tyespacʰi ma eklai kinmel garcʰu
ハミ シネマ ヘルチョウン テスパチ マ エクレイ キンメル ガルチュ

A：कति बजे यहाँ आउनुहुन्छ ?
kati baje yahã aunuhuncʰa
カティ バジェ ヤハン アウヌフンチャ

B：सायद ५ बजेतिर आउँछु होला।
sayed pãc bajetira aũcʰu hola
サエド パンツ バジェティラ アウンチュ ホラ

2） **A**：तपाईं जापानी भाषा बोल्नुहुन्न ?
tapaī japani bʰasa bolnuhunna
タパイ ジャパニ バサ ボルヌフンナ

B：अहँ, म जापानी भाषा जान्दिनँ। राम पनि जान्दैन।
ahã ma japani bʰasa jandinã ram pani jandaina
アハン マ ジャパニ バサ ジャンディナ ラム パニ ジャンダイナ

【単　語】

35

पाँच pāc ५，５，５つの
भोलि b^{h}oli［副］明日
जानुहुन्छ, जान्छु, जान्छ januhunc^{h}a, janc^{h}u, janc^{h}a　＜ जानु［自動］行く　→解説
पाटन paṭan パタン（地名，カトマンズの南に隣接）
सँगै sāgai［副］一緒に　＜ सँग ＋ नै
त्यहाँ tyahā̃［副］そこ，あそこ（で，に，へ）
गर्नुहुन्छ, गर्छु garnuhunc^{h}a, garc^{h}u　＜ गर्नु［他動］する，行う　→解説
सिनेमा sinema 映画（cinema）
हेर्छौं herc^{h}aũ　＜ हेर्नु［他動］見る　→解説
त्यसपछि tyespac^{h}i［接］その後　＜ त्यस ＋ पछि
एक्लै eklai［副］１人で，１人っきり
किनमेल kinmel 買い物
कति kati［疑］いくら，どれだけ，どのくらい
बजे baje …時に　＜ बज्नु［自動］鳴る，時を打つ
आउनुहुन्छ, आउँछु aunuhunc^{h}a, aũc^{h}u　＜ आउनु［自動］来る　→解説
सायद sayed［副］おそらく，たぶん　→解説
-तिर tira［後］…頃，…辺り，…の方
होला hola［副］…でしょう　＜ हुनु［自動］→解説
भाषा b^{h}asa 言語，言葉
बोल्नुहुन्न bolnuhunna　＜ बोल्नु［他動］話す　→解説
जान्दिनँ, जान्दैन jandinã, jandaina　＜ जान्नु［他動］知る，分かる　→解説

【訳】

1）A ：シャムさん，あなたは明日どこに行きますか？
B ：私は明日パタンに行きます．ラムも一緒に行きます．
A ：そこで何をしますか？
B ：私たちは映画を見ます．その後私は１人で買い物をします．
A ：何時にここに来ますか？
B ：たぶん５時頃来るでしょう．

2）A ：あなたは日本語を話さないのですか？
B ：いいえ，私は日本語はできません．ラムもできません．

【解　説】

1．動詞

動詞は時制，人称，尊敬の程度，数などで様々な形に変化しますが，辞書においてはつねに -नु nu で終わる形（例：गर्नु，सुन्नु）をとります．本書ではこの形を動詞の「辞書形」あるいは，「nu 不定詞」と呼ぶことにします．

辞書形から नु を取り除いた部分を動詞の「語幹」と呼びます．

2．動詞の現在形

現在形はおもに１）断定（一般的なこと，習慣的なこと）と２）未来のことを表す場合に使われます．

म बिहान ७ बजे उठ्छु । ma bihana sat baje uṭ^{h}c^{h}u　私は朝７時に起きます．（習慣）
म भोलि बिहान ७ बजे उठ्छु । ma b^{h}oli bihana sat baje uṭ^{h}c^{h}u
私は明日朝７時に起きます．（未来）

現在形の作り方

１）親称（活用がある म ma，ऊ u，हामी hami など）

a．語幹が子音で終わっている動詞

肯定形：「語幹＋ छ c^{h}a 活用」

म चिट्ठी लेख्छु । ma ciṭṭ^{h}i lek^{h}c^{h}u　私は手紙を書きます．

否定形：「語幹＋ दै dai（１人称単数のみ दि）＋否定の न 活用」

म चिट्ठी लेख्दिनँ । ma ciṭṭ^{h}i lek^{h}dinã　私は手紙を書きません．

b．語幹が母音で終わっている動詞

肯定形：「語幹＋ न् n ＋ छ c^{h}a 活用」

ऊ हात धुन्छ । u hat d^{h}unc^{h}a　彼は手を洗います．

ただし，語幹が आउ (āu) または इउ (iu) の音で終わっている場合

「語幹＋ ँ（鼻音化）＋ छ 活用」

हामी चुरोट पिउँछौं । hami curoṭ piũc^{h}aũ　我々はタバコを吸います．

否定形：「語幹＋ ँ ＋ दै dai（１人称単数のみ दि）＋ न 活用」

ऊ हात धुँदैन । u hat d^{h}ũdaina　彼は手を洗いません．

हामी चुरोट पिउँदैनौं । hami curoṭ piũdainaũ　我々はタバコを吸いません．

語幹が母音で終わっている動詞には第２否定形があります．どちらの否定形を使えばいいかという厳密な規則はありません．

「語幹＋ न् n ＋ न na 活用」

ऊ हात धुन्न । u hat d^{h}unna　彼は手を洗いません．

हामी चुरोट पिउन्नौं । hami curoṭ piunnaũ　我々はタバコを吸いません.

2）尊称（活用がない तपाईं tapaĩ，उहाँ wahãなど）は全て肯定形：「辞書形（-नु）＋ हुन्छ hunchʰa」否定形：「辞書形（-नु）＋ हुन्न hunna」となります.

कार्कीजी भात खानुहुन्छ । karkiji bʰat kʰanuhunchʰa　カルキさんはご飯を食べます.
कार्कीजी भात खानुहुन्न । karkiji bʰat kʰanuhunna　カルキさんはご飯を食べません.

現在形の活用表（抜粋）

गर्नु garnu「...する」（語幹が子音で終）

親称		肯定	/否定		肯定	/否定
1人称	म ma	गर्छु garchʰu	/गर्दिनँ gardinã	हामी(हरू) hami(haru)	गर्छौं garchʰaũ	/गर्दैनौं gardainaũ
3人称	ऊ u	गर्छ garchʰa	/गर्दैन gardaina	उनीहरू uniharu	गर्छन् garchʰan	/गर्दैनन् gardainan

尊称	単 数	複 数	肯定	/否定
2人称	तपाईं tapaĩ	तपाईंहरू tapaĩharu	गर्नुहुन्छ garnuhunchʰa	/गर्नुहुन्न garnuhunna
3人称	उहाँ wahã	उहाँहरू wahãharu		

गर्नु garnu は，日本語の「する」と似たような働きをします．おもに行動を表す名詞（一部形容詞）などに続いて「...する」などの意味になります.

शुरू suru 開始　→ शुरू गर्नु 始める　　माया maya 愛情　→ माया गर्नु 愛する
काम kam 仕事　→ काम गर्नु 働く　　सस्तो sasto 安い　→ सस्तो गर्नु 安くする

このうち शुरू や सस्तो などの場合，後ろに गर्नु の代わりに हुनु hunu（हुन्छ hunchʰa 活用）が来ると，それぞれ，「始まる」「安い/安くなる」の意味になります．一般動詞としての हुनु は，3人称単数で हुन्छ hunchʰa の形をとり，他の一般動詞と同じ活用をします.

3．推量の होला と सायद

文章（現在，過去，未来を問わず）の最後に推量を表す副詞 होला hola をつけると，「（たぶん）...だろう」と確実ではないことを推量する表現になります.

一方 सायद sayed も推量を表す副詞ですが，動詞よりも前（文頭が多い）に置き，「おそらく，たぶん」の意味を加えることになります.

通常 होला 単独で推量を表すことができます．सायद は होला と同時に使われることが多く，単独ではあまり使われない傾向にあります.

あなたはペンを持っていますか？

6 (छ) तपाईंसँग कलम छ ?

(c^{h}a) tapaĩsãga kalam c^{h}a
(チャ) タパイサンガ カラム チャ

36

1) **A**：तपाईंसँग कलम छ ?
tapaĩsãga kalam c^{h}a
タパイサンガ カラム チャ

B：मसँग कालो, रातो र नीलो कलम छन् ।
masãga kalo rato ra nilo kalam c^{h}an
マサンガ カロ ラト ラ ニロ カラム チャン

A：कुन कलम सबैभन्दा राम्रो छ ?
kun kalam sabaib^{h}anda ramro c^{h}a
クン カラム サバイバンダ ラムロ チャ

B：हुनत रातो र नीलो कलमभन्दा कालो कलम सस्तो
hunata rato ra nilo kalamb^{h}anda kalo kalam sasto
フナタ ラト ラ ニロ カラムバンダ カロ カラム サスト

छ, तर कालो कलम नै सबभन्दा राम्रो छ ।
c^{h}a tara kalo kalam nai sabb^{h}anda ramro c^{h}a
チャ タラ カロ カラム ナイ サッバンダ ラムロ チャ

2) **A**：तपाईंको घर छ ?
tapaĩko g^{h}ar c^{h}a
タパイコ ガル チャ

B：मेरो घर छैन, बरु मेरो बुबाको घर छ ।
mero g^{h}ar c^{h}aina baru mero bubako g^{h}ar c^{h}a
メロ ガル チャイナ バル メロ ブバコ ガル チャ

【単　語】

छ $c^{h}a$ ६，６，６つの

-सँग sāga［後］…と共に，…と一緒に →解説

कालो kalo 黒（い）→解説

रातो rato 赤（い）→解説

र ra［接］…と，そして →解説

नीलो nilo 青（い）→解説

कुन kun［疑形］どの

सबभन्दा，सबैभन्दा $sabb^{h}anda$，$sabaib^{h}anda$［副］最も，何よりも ＜सब ＋（नै）＋ भन्दा →解説

हुनत hunata［接］（文頭に置いて）もっとも…だけれど ＜हुन ＋ त

-भन्दा $b^{h}anda$［後］…よりも →解説

सस्तो sasto［形］安い，安価な ⇔ महँगो

नै nai［副］…こそ（単語や文章を強調する）→ 11 課解説

बरु baru［接］そのかわりに，むしろ，そうではなく

बुबा buba，buwa 父 ＝ बुवा，बा

【訳】

1）A：あなたはペンを持っていますか（あなたと共にペンはありますか）？

B：私は黒と赤と青のペンを持っています．

A：どのペンが最も良いですか？

B：赤と青のペンより黒のペンは安いのですが，

しかし黒のペンが一番良いです．

2）A：あなたは家を持っていますか（あなたの家はありますか）？

B：私は家を持っていませんが，父は家を持っています．

【解　説】

1．所有の表現（-सँग，-को）

ネパール語には，日本語の「持っている」に相当する所有を表す動詞がありません（「持つ」「掴む」を意味する **समात्नु** samatnu という動詞がありますが，これは正に手にしている状態を表すものであり，所有の意味にはなりません）．その代わりに後置詞 **-सँग** sãga「…と共に」を用い，「…と共に…がある」という表現方法をとります．

तपाईंसँग किताब छ ? tapaĩsãga kitab c^{h}a
あなたは本を持っていますか（あなたと共に本がありますか）？
मसँग पैसा छैन । masãga paisa c^{h}aina　私はお金を持っていない（私と共にお金はない）.

比較的大きなものや高価なもの（名義が関わるようなものなど）を所有している場合や子供や親，配偶者など「(誰それ）には…がいる」は「…の…がある」という表現で所有を表すことができます．

रामको मोटर छ । ramko moṭar c^{h}a　ラムは車を持っている（ラムの車がある）.
धनबहादुरको छोरा छैन । d^{h}anbahadurko c^{h}ora c^{h}aina
ダンバハドゥルには息子がいない（ダンバハドゥルの息子はいない）.

再帰代名詞 **आफू** ap^{h}u「自分自身」の所有格である **आफ्नो** ap^{h}no「自分の」を使うと，より一層「他人のものではなく自分の」ものである，という所有の意味をハッキリさせることもできます．

रामको आफ्नो मोटर छ । ramko ap^{h}no moṭar c^{h}a
ラムは（他人名義ではない）自分の車を持っている（ラムの自分自身の車があります）.

2．比較の表現（-भन्दा，सबभन्दा）

比較を表す後置詞 **-भन्दा** b^{h}anda「…よりも」を使い，２つ以上のものごとを比べることができます．なお，比べるものと比べられるものの語順は入れ替え可能です．

पाटनभन्दा काठमाडौं ठूलो छ । paṭanb^{h}anda kaṭ^{h}maḍaũ ṭ^{h}ulo c^{h}a
パタンよりカトマンズ（の方）が大きい.
काठमाडौं पाटनभन्दा ठूलो छ । kaṭ^{h}maḍaũ paṭanb^{h}anda ṭ^{h}ulo c^{h}a
カトマンズはパタンより大きい.

この場合の **-भन्दा** は後置詞なので，必ず前の単語につなげて書いてください.

単独で भन्दा には，「言う時/言うと」の意味があるので，分けて書くと意味が通らなくなります．

動詞を比べる時には，動詞の辞書形「...するより」や，過去分詞（→ 16 課）「...したより」を使います．

बाँच्नुभन्दा मर्नु बेश । bãcnub^{h}anda marnu bes　生きるより死ぬ方がまし．

「最も...」を表す最上級の表現には，सबभन्दा sabb^{h}anda あるいはसबैभन्दा sbaib^{h}anda を使います．つまり「全てよりも...」という表現になります．

नेपालमा काठमाडौं सबभन्दा ठूलो शहर हो । nepalma kaṭ^{h}maḍaũ sabb^{h}anda ṭ^{h}ulo sahar ho
ネパールでカトマンズが最も大きい町です．
सबभन्दा पहिले sabb^{h}anda pahile　まず最初に

なお सब sab「全部」に強調を表す नै nai が付くと，सबै sabai という形になります．このように単語の語尾に ै を付ける強調の形の作り方は，名詞や形容詞だけでなく，さまざまな単語に当てはめることができます（→ 11 課）．

3．「...と...」（र，अनि）

ネパール語の र ra「と」や अनि ani「そして」は通常は列記される最後の単語の前 1 カ所にだけおき，それ以外はコンマ（,）でつなぎます．

योसिनोया छिटो, सस्तो अनि मीठो पनि छ । yosinoya c^{h}iṭo sasto ani miṭ^{h}o pani c^{h}a
吉野屋は早く安くそして美味しくもある．

4．主な色（रंग）

色を表す単語は基本的には形容詞です．３課で述べたように後ろに来る名詞を省略し，形容詞が名詞のように扱われることがあります．この場合後ろに省略されているのは名詞「色」（रंग，रङ raŋ）ということになります．

सेतो seto 白　　कालो kalo 黒　　रातो rato 赤　　नीलो nilo 青
पहेंलो pahēlo 黄　　हरियो hariyo 緑　　खैरो k^{h}airo 茶

基本的な色以外の色の多くは，その色を比喩する単語を形容詞化させます．

सुन sun 金→ सुनौलो रंग sunaulo raŋ 金色　गुलाफ gulap^{h} バラ→ गुलाफी रंग gulap^{h}i raŋ 桃色
प्याज pyaj 玉葱→ प्याजी रंग pyaji raŋ 紫色　खरानी k^{h}arani 灰→ खरानी रंग k^{h}arani raŋ 灰色

練習問題 3

1．次の語を発音して，日本語の意味を言いなさい．

1）जानु　2）पाटन　3）सिनेमा　4）बोल्नु　5）सायद
6）पैसा　7）कालो　8）सबभन्दा　9）बरु　10）गुलाफ

2．次の日本語をネパール語で書き（動詞は辞書形），発音しなさい．

1）来る　2）買い物　3）言語　4）見る　5）5
6）赤い　7）安い　8）青い　9）机　10）金

3．カッコの中に当てはまる動詞を下から選び，正しく現在形に活用させて読みなさい．そして日本語の意味を言いなさい． 38

1）तपाईं छुट्टीको दिनमा काम（　　　）?
　　अहँ, म छुट्टीको दिनमा काम（　　　）।
2）आज छुट्टी हो । तर म अफिस（　　　）।
　　तपाईं किन छुट्टीको दिनमा पनि अफिस（　　　）?
3）राम कुखुराको मासु（　　　）?
　　हो, ऊ कुखुराको मासु（　　　）।
4）गुरुङ्सर कहिले नेपालबाट（　　　）?
　　उहाँ आजै जापानमा（　　　）।
5）तपाईंहरू टि.भि.（　　　）?　<否定疑問で>
　　हामीहरू बेलुका मात्र टि.भि.（　　　）।
　　हामीहरू दिउँसो टि.भि.（　　　）।
　　動詞：आउनु, जानु, सुन्नु, गर्नु, पिउनु, हेर्नु, बस्नु, खानु（使わない動詞もあります）

4．カッコ内に当てはまる単語を下から選び文章を完成させて読みなさい．そして日本語の意味を言いなさい． 39

1）जापान नेपालभन्दा（　　　）छ, सानो छैन ।
2）संसारमा सबभन्दा（　　　）पहाड सगरमाथा हो ।
3）फुजी पर्वत सगरमाथाभन्दा（　　　）छ ।
4）काठमाडौंमाभन्दा टोकियोमा चामल（　　　）छ ।

5）म बिहान तपाईंभन्दा（　　　　　）उठ्छु ।

形容詞・副詞：सस्तो，होचो，टाढा，महँगो，राम्रोसँग，ठुलो，अग्लो，सबेरै（使わない単語もあります）

5．次の日本語をネパール語に訳し，読みなさい．　40

1）私は高価な時計を持っていません．

2）おそらく私のよりもあなたの時計は高いでしょう．

3）あなたは私に安い時計をくれますか？

4）最も高い時計は誰が持っていますか？

5）ラムは夜12時に寝ます．

6）私はラムよりも早く寝ます．

7）シタはラムよりも上手に踊ります．

8）シャム達は日本語を話しません．

9）あなた方はネパール語を教えますか？

10）いいえ，私たちはネパール語を教えません，日本語を習います．

छुट्टी 休み，休日　-सर …先生（男性への敬称）　चाँडै 早く
सुन्नु 聞く　बस्नु 座る，滞在する，住む　सिकाउनु 教える　सिक्नु 習う
होचो 低い　टाढा 遠い　महँगो (値段が) 高い　अग्लो (高さが) 高い
सबेरै (時刻が) 早く　नाच्नु 踊る　संसार 世界　टि.भि. テレビ
गुरुङ グルン（姓，民族の一）　पहाड 山　फुजी पर्वत 富士山
सगरमाथा エベレスト　टोकियो 東京　दिन 日　अफिस 事務所
किन なぜ　कहिले いつ　मात्र だけ　राम्रोसँग 上手く　सुत्नु 寝る

7 (सात) बिहान कति बजे उठ्नुभयो ?

朝何時に起きましたか？

(sat) bihana kati baje uṭ^{h}nub^{h}ayo
(サット) ビハナ カティ バジェ ウトゥヌバヨ

41

A : तपाईं हिजो कति बजे सुत्नुभयो ?
tapaĩ hijo kati baje sutnub^{h}ayo
タパイ ヒジョ カティ バジェ ストゥヌバヨ

B : हिजो म राती १२ बजे मात्र सुतें ।
hijo ma rati bara baje matra sutẽ
ヒジョ マ ラティ バーラ バジェ マットラ ステン

A : अनि बिहान कति बजे उठ्नुभयो ?
ani bihana kati baje uṭ^{h}nub^{h}ayo
アニ ビハナ カティ バジェ ウトゥヌバヨ

B : ७ बजे उठेर ८ बज्नुभन्दा अगाडि अफिस गएँ ।
sat baje uṭ^{h}era aṭ^{h} bajnub^{h}anda agaṛi afis gaẽ
サット バジェ ウテラ アート バジュヌバンダ アガリ アフィス ガエン

A : राम पनि अफिसमा आयो ?
ram pani ap^{h}isma ayo
ラム パニ アフィスマ アヨ

B : अहँ, ऊ चाहिं आएन ।
ahã u cahĩ aena
アハン ウ チャヒ アエナ

A : तपाईंले आज कति घण्टा काम गर्नुभयो ?
tapaĩle aja kati g^{h}anṭa kam garnub^{h}ayo
タパイレ アジャ カティ ガンタ カーム ガルヌバヨ

B : मैले आज बिहान ३ घण्टा मात्र काम गरें ।
maile aja bihana tin g^{h}anṭa matra kam garẽ
マイレ アジャ ビハナ ティン ガンタ マットラ カーム ガレン

A : अनि त्यसपछि के गर्नुभयो ?
ani tyespac^{h}i ke garnub^{h}ayo
アニ テスパチ ケ ガルヌバヨ

B : काराओके रेष्टूराँमा गएर धेरै गीत गाएँ ।
karaoke resṭurãma gaera d^{h}erai git gaẽ
カラオケ レストゥランマ ガエラ デレイ ギット ガエン

【単　語】

42

सात sat ७, 7, 7つの
हिजो hijo 昨日
सुत्नुभयो, सुतें sutnubʰayo, sutẽ 寝ました
　＜सुत्नु［自動］寝る　→解説
राती rati 夜，夜に
१२ (बाह्र) bara［数］12，12の
मात्र matra［副］のみ，だけ
उठ्नुभयो uṭʰnubʰayo　＜उठ्नु［自動］起きる，立つ　→解説
उठेर uṭʰera 起きて　＜उठ्नु［自動］起きる，立つ　→8課解説
८ (आठ) aṭʰ［数］8，8の
अगाडि agaṛi［副］前に（で，へ）
अफिस apʰis 事務所，会社，役所（office）
　＝ कार्यालय
गएँ gaẽ　＜जानु［自動］行く　→解説
गएर gaera 行って　＜जानु［自動］行く
　→8課解説
आयो, आएन ayo, aena　＜आउनु［自動］来る　→解説
चाहिं cahĩ …のもの，…のほう，…というと
-ले le［後］→解説
घण्टा gʰanṭa …時間
काम kam 仕事
गर्नुभयो, गरें garnubʰayo, garẽ　＜गर्नु［他動］する　→解説
मैले maile　＜म + ले　→解説
३ (तीन) tin［数］3，3の
काराओके karaoke カラオケ
रेष्टूराँ resṭurã レストラン（restaurant）
गीत git 歌，詞
गाएँ gaẽ　＜गाउनु［他動］歌う　→解説

【訳】

A：あなたは昨日何時に寝ましたか？
B：昨日私は夜12時になってやっと寝ました。
A：で，朝は何時に起きたのですか？
B：7時に起きて8時前に会社に行きました。
A：ラムも会社に来たのですか？
B：いえ，彼は来ませんでした.
A：あなたは今日何時間仕事をしたのですか？
B：私は今日午前中3時間だけ仕事をしました.
A：その後何をしたのですか？
B：カラオケレストランに行って歌をたくさん唄いました.

【解　説】

1．動詞の過去形

過去形はおもに「...した/しました」「...になった/なりました」などと日本語に訳すことができる過去の事柄を表します.

尊称の肯定形は，動詞の辞書形（-नु）+ भयो bʰayo となり，否定形は動詞の辞書形（-नु）+ भएन bʰaena となります．動詞が活用する親称では，（副）語幹＋過去活用語尾となります.

なお，「（副）語幹」の意味は，副語幹を持つ動詞は副語幹を，副語幹を持たない動詞は基本語幹を使うという意味です.

2．過去形の大前提＝他動詞の動作主に -ले

गर्नु garnu「する」や खानु kʰɑnu「たべる」など他動詞の場合，過去形ではその動作の動作主には必ず後置詞 -ले le を付けて，動詞の動作主であることを表します．自動詞の場合には付きません.

通常はそのまま -ले を付けますが，代名詞の接続形に付く場合，代名詞の一部が変形して付く場合があります．巻末の付録を参照してください.

1）そのまま -ले が付く

複数を表す -हरू と，人称代名詞 हामी，तिमी，तपाईं，उहाँ の場合

उनीहरूले के गरे ? uniharule ke gare　彼らは何をした？

2）代名詞の接続形に -ले が付く

ऊ（यो，त्यो），उनी（यिनी，तिनी），कोなどの場合

उसले उत्तर दियो । usle uttar diyo　彼が答えた.

कसले मलाई पिट्यो ? kasle malɑi piṭyo　誰が私を叩いた？

3）代名詞の一部が変形して -ले が付く

म，तँの場合

मैले हिजो किताब पढिनँ । maile hijo kitɑb paṛʰinā　私は昨日，本を読まなかった.

3．語幹と副語幹

動詞には語幹の終わり方（動詞 -नु の直前の形）によって副語幹を持つものと持たないものがあります．副語幹を持つ動詞は，過去形ではこの副語幹を使います．副語幹は現在形で使った語幹とは形が変わるので，注意が必要です.

1）副語幹を持たない動詞（そのまま語幹に過去活用語尾を続ける）

語幹が子音で終わる動詞　गर्नु→ गर्- (gar)，सिक्नु→ सिक्- (sik)，भन्नु→ भन्- (bhan) など

語幹が (ā) または (i) で終わる動詞（जानुを除く）　खानु→ खा- (khā)，दिनु→ दि- (di)，देखिनु→ देखि- (dekhi) など

2）副語幹を持つ動詞

a．語幹に母音が２つ以上含まれる動詞の場合
最後の母音を１つ取り除いて過去活用語尾を続ける
लाउनु→ ला- (lā)，पिउनु→ पि- (pi)，कुहुनु→ कुह्- (kuh)，रहनु→रह्- (rah) など

b．母音が１つで (u) で終わる動詞（हुनु hunu を除く）
語幹の母音 (u) が副語幹では (o) に変わって過去活用語尾を続ける
धुनु→ धो- (dho)，रुनु→रो- (ro)，छुनु→ छो- (cho)

c．例外（जानु janu と हुनु hunu は上記の規則に当てはまらない）
जानु→ ग- (ga)
हुनु→ भ- (bha)（基本副語幹），थि- (thi)，हो- (ho)

हुनुの３つの副語幹のうち，भ- が基本となる副語幹で，थि- は हो や छ の過去など限られた場合に使用されます．また हो- の使用は極めて限られています．

4．過去活用語尾

動詞の過去形は，親称の場合前述の（副）語幹に過去活用語尾を続けます．詳しくは巻末付録を参照してください．

親称	単数	肯定	／否定	複数	肯定	／否定
１人称	म ma	-एँ (ẽ)	／-इनँ (inā̃)	हामी(हरू) hami(haru)	-यौं (yaū̃)	／-एनौं (enaū̃)
３人称	ऊ u	-यो (yo)	／-एन (ena)	उनीहरू uniharu	-ए (e)	／-एनन् (enan)
	उनी uni	-ए (e)	／-एनन् (enan)			

尊称	単数	複数	肯定	／否定
２人称	तपाईं tapaī̃	तपाईंहरू tapaī̃haru	-नुभयो (nubhayo)	／-नुभएन (nubhaena)
３人称	उहाँ wahā̃	उहाँहरू wahā̃haru		

＊他動詞の動作主には -ले を付ける．尊称は副語幹ではなく，動詞の辞書形を使う．

8 (आठ) मेरो भाइ डाक्टर भयो।

弟は医者になりました

(a$ṭ^h$)　mero　b^hai　ḍakṭar　b^hayo
(アート)　メロ　バイ　ダクタル　バヨ

43

1) **A**：मेरो भाइ डाक्टर भयो ।
mero　b^hai　ḍakṭar　b^hayo
メロ　バイ　ダクタル　バヨ

B：उहाँ त पहिलेदेखि नै राम्रो विद्यार्थी हुनुहुन्थ्यो ।
wahā̃　ta　pahiledek^{h}i　nai　ramro　bidyart^{h}i　hunuhunt^{h}yo
ワハン　タ　パイレデキ　ナイ　ラムロ　ビディヤルティ　フヌフンテョ

म स्कूलमा त्यति राम्रो विद्यार्थी थिइनँ तर मैले धेरै
ma　iskulma　tyeti　ramro　bidyart^{h}i　t^hiinā̃　tara　maile　d^herai
マ　イスクールマ　テティ　ラムロ　ビディヤルティ　ティイナ　タラ　マイレ　デレイ

मेहनत गरें । अनि बल्ल डाक्टर भएँ ।
mehanat　garẽ　ani　balla　ḍakṭar　b^haẽ
メハナト　ガレン　アニ　バッラ　ダクタル　バエン

A：तपाईंको भाइ चाहिं के हुनुभयो ?
tapaĩko　b^hai　cahĩ　ke　hunub^{h}ayo
タパイコ　バイ　チャヒ　ケ　フヌバヨ

B：मेरो भाइ पहिले इन्जिनियर थियो । पछि राम्रोसँग पढेर
mero　b^hai　pahile　injiniyar　t^hiyo　pac^{h}i　ramrosā̃ga　paṭ^{h}era
メロ　バイ　パイレ　インジニヤル　ティヨ　パチ　ラムロサンガ　パレラ

ऊ पनि डाक्टर भयो ।
u　pani　ḍakṭar　b^hayo
ウ　パニ　ダクタル　バヨ

2) **B**：मेरो पासपोर्ट कता हरायो ?
mero　pasporṭ　kata　harayo
メロ　パスポールト　カタ　ハラヨ

A：एक छिन अघिसम्म उता कोठाको टेबलमा थियो, त्यहाँ
ek　c^hin　ag^{h}isamma　uta　koṭ^{h}ako　ṭebalma　t^hiyo　tyahā̃
エク　チン　アギサンマ　ウタ　コタコ　テバルマ　ティヨ　テャハン

थिएन ?
t^hiena
ティエナ

【単　語】

44

आठ aṭ^{h} ८，８，８つの

डाक्टर ḍakṭar 医師，ドクター（doctor）

भयो，भएँ，हुनुभयो b^{h}ayo，b^{h}aẽ，hunub^{h}ayo ＜हुनु［自動］→解説

त ta［間］…についていうと

पहिले pahile［副］以前，かつて，先に

विद्यार्थी bidyart^{h}i 学生，生徒，児童

थिइनँ，थियो，थिएन，हुनुहुन्थ्यो t^{h}iinã，t^{h}iyo，t^{h}iena，hunuhunt^{h}yo ＜हुनु［自動］→解説

स्कूल iskul 学校（school）＝विद्यालय

त्यति tyeti［副，形］それほど，それだけ ＞यति，त्यति，कति

मेहनत mehanat，mehenat 努力，頑張り

बल्ल balla［副］ようやく，やっと

इन्जिनियर injiniyar 技師，エンジニア（engineer）

पछि pac^{h}i［副，後］後で（に，へ）

राम्रोसँग ramrosãga［副］良く，うまく，上手に ＜राम्रो＋सँग ＝राम्ररी

पढेर paṭ^{h}era ＜पढ्नु［他動］読む，勉強する ＞（副）語幹＋एर …して →解説

पासपोर्ट pasporṭ パスポート，旅券（passport）＝राहदानी

कता kata［疑副］どちら，どこ（で，に，へ）

हरायो harayo ＜हराउनु［自動］なくなる，消える，［他動］負かす

छिन c^{h}in［名］瞬間 ＞एक छिन ちょっと（の時間），一瞬

अघि ag^{h}i［副］前に（で，へ）＝अगाडि

-सम्म samma［後］…まで（時間，数，場所いずれにも使う）

उता uta［副］あちら，あっち（で，に，へ）＞यता，त्यता

टेबल ṭebal 机，テーブル，デスク（table）

【訳】

1）A：私の弟は医者になりました.

B：彼は以前から素晴らしい学生でした.
私は学校ではあまり良い学生ではありませんでしたが，努力しました.
そしてやっと医者になりました.

A：あなたの弟は何になったのですか？

B：私の弟は以前は技師でした．後によく勉強して彼も医者になりました.

2）B：私のパスポートはどこにいったのだろう？

A：さっきまであっちの部屋の机にあったけど，そこにはなかった？

【解　説】

1．だった，あった，いた（थियो）

特殊動詞 हुनु hunu の現在形の３つの形のうち，１～４課で扱った हो ho と छ c^{h}a の過去形です．作り方は副語幹 थि- t^{h}i に過去活用語尾を付けます．

親称	単数	肯定	／否定	複数	肯定	／否定
１人称	म ma	थिएँ t^{h}iẽ	／थिइनँ t^{h}iinã	हामी(हरू) hami(haru)	थियौं t^{h}iyaũ	／थिएनौं t^{h}ienaũ
３人称	ऊ u	थियो t^{h}iyo	／थिएन t^{h}iena	उनीहरू uniharu	थिए t^{h}ie	／थिएनन् t^{h}ienan
	उनी uni	थिए t^{h}ie	／थिएनन् t^{h}ienan			

ただしこの場合の尊称については，हुनुहुन्थ्यो hunuhunt^{h}yo という形になります．これは20課で扱う習慣過去の形を流用したものです．

尊称	単　数	複　数	肯定	／否定
２人称	तपाईं tapaĩ	तपाईंहरू tapaĩharu	हुनुहुन्थ्यो hunuhunt^{h}yo	／हुनुहुन्नथ्यो hunuhunnat^{h}yo
３人称	उहाँ wahā̃	उहाँहरू wahā̃haru		

現在形では，हो ho と छ c^{h}a の使い分けがありましたが，過去形では थियो t^{h}iyo となりますので混乱しないように覚えることが必要です．つまり現在形との関係は以下の通りになります．

ラムは医者です．	राम डाक्टर हो।	ラムは医者でした．	राम डाक्टर थियो।
お金がある．	पैसा छ।	お金があった．	पैसा थियो।
空は青い．	आकाश नीलो छ।	空は青かった．	आकाश नीलो थियो।

2．なった（भयो）

हुनु hunu の現在形の３つの形の内 हुन्छ hunc^{h}a は動詞本来の活用をする形です．おもな意味は「なる」「なのである，存在する（原則，真理，一般的事実などの断定）」「（事件などが）起きる，生じる」「よろしい（許可，承認）」です．हुन्छ の過去形は副語幹 भ- b^{h}a に過去活用語尾が付く活用になります．尊称においても，

हुनुभयो/हुनुभएन という本来の過去形をとります.

親称	単数	肯定	/否定	複数	肯定	/否定
1人称	म ma	भएँ b^{h}aẽ	/भइनँ b^{h}ainã	हामी(हरू) hami(haru)	भयौं b^{h}ayaũ	/भएनौं b^{h}aenaũ
3人称	ऊ u	भयो b^{h}ayo	/भएन b^{h}aena	उनीहरू uniharu	भए b^{h}ae	/भएनन् b^{h}aenan
	उनी uni	भए b^{h}ae	/भएनन् b^{h}aenan			

尊称	単数	複数	肯定	/否定
2人称	तपाईं tapaī̃	तपाईंहरू tapaī̃haru	हुनुभयो hunub^{h}ayo	/हुनुभएन hunub^{h}aena
3人称	उहाँ wahã	उहाँहरू wahãharu		

3. ...して (-एर)

過去形で使う（副）語幹に -एर (era) 付けると「...して」の意味になります.（副）語幹が子音で終わっている場合，たとえば रहनु (rahanu)「あり続ける」の場合だと，रह् (rah)（副語幹）＋ एर (era) は रह्एर (rah·era) ではなく，रहेर (rahera) のように表記します．詳しくは 17 課の解説を参照してください.

मैले पुस्तकालयमा गएर किताब पढें । maile pustakalayema gaera kitab paṛẽ

私は図書館に行って本を読みました.

1．次の文章を正しい過去形の文章にしなさい．そして読みなさい．　45
1）उहाँ हिजो राती ११ बजे सुत्नुहुन्छ ।
2）ऊ कहिले जापानमा आउँछ ?
3）दुर्गाकोभन्दा मेरो घडी राम्रो छ ।
4）तपाईं आज काम गर्नुहुन्न ?
5）बिहान विद्यालयमा केटाकटीहरू छैनन् ।
6）को मेरो मिठाई खान्छ ?
7）म ३ वर्ष अगाडि नेपाल जान्छु ।
8）सीता किन रुन्छ ?
9）मल्लजी राम्रो मान्छे हुनुहुन्छ ।
10）म राम्रो शिक्षक होइनँ तर मेरो भाइ राम्रो शिक्षक हो ।

2．次の単語を使って現在形または過去形の文章を作りなさい．
1）चाहिं　2）मात्र　3）पहिले　4）रातो　5）कता
6）एक छिन　7）घण्टा　8）अनि　9）उत्तर　10）मेहनत

3．下の日本語の文章をネパール語に訳しなさい．　46
1）私は今日ニュースを見ませんでした．
2）ラムさんの息子は大きくなりました．
3）彼は今朝6時に起きて，服を洗いました．
4）あなたは昨日どこにいましたか，そして何をしましたか？
5）シャムは市場に行きました，そして買い物をしました．
6）山田さんの山羊は黒かった．
7）ダカールさんは手紙を書きましたが，私は書きませんでした．
8）私たちはテレビを見ました，そしてその後歌を歌いました．
9）誰が踊りましたか？
10）私は青いペンは持っていませんでした．

4．下のネパール語の文章を読み，日本語に訳しなさい．　47
1）ऊ हिजो बजार घुम्यो ।

2）रामले सीतासँग बोलेन ।
3）तपाईं आउनुभन्दा अगाडि अधिकारीजी जानुभयो ।
4）कृष्णले मलाई नेपाली भाषा सिकायो ।
5）मभन्दा मेरो भाइ अग्लो थियो ।
6）तपाईंले खाना खानुभयो ?
7）१० वर्ष अगाडि म विद्यार्थी थिएँ ।
8）कार्कीजीले मलाई ३ वटा किताब दिनुभयो ।
9）हिजो मेरो घरमा कोही थिएन ।
10）मैले पुरस्कार पाइनँ ।

दुर्गा ドゥルガ（女子名） **मल्ल** マッラ（姓） **घडी** 時計 **मिठाई** お菓子
समाचार ニュース **छोरो** 息子 **लुगा** 服 **बजार** 市場 **बाख्रा** ヤギ
घुम्नु 回る **खाना** 食事 **पुरस्कार** 賞 **पाउनु** 得る

ヒマラヤのしずく

◆時刻の表現

ネパール語では独特の方法で時刻を表します．自動詞 **बज्नु** bajnu「鳴る」の３人称単数形を様々な時制に変化させて表現するのです．元々鐘を鳴らして時刻を知らせていた名残ですね．以下を参考にしてください．

म ३ बजे आउँछु । 私は３時に来ます（３鳴れば）＜第２過去分詞＞
२ बज्नुभन्दा अघि आउनुहोस् । ２時前に来てください（２鳴る前に）＜-नु 不定詞＞
अहिले ८ बज्यो । 今８時です（８鳴った）＜過去形＞
अब ५ बज्छ । もう５時になります（５鳴る）＜現在形＞
४ बजेको छ । ４時になっています（４鳴った）＜現在完了形＞
९ बजेको छैन । ９時になっていない（まだ９鳴っていない）＜現在完了形＞
६ बजिसक्यो । ６時過ぎました（すでに６鳴り終えた）＜過去形＞
१२ बजेको थियो । 12時でした（12鳴っていた）＜過去完了形＞
अब १ बज्दैछ । もうすぐ１時です（１鳴っている）＜現在進行形＞
७ बजेर १० मिनेट गयो । ７時10分です（７鳴って10分行った）＜接続分詞＞
८ बज्न ५ मिनेट बाँकी छ । ８時５分前です（８鳴るのに５分残っている）＜-न 不定詞＞

9 (नौ) नेपाली खाना मन पर्छ ?

ネパール料理は好きですか？

(nau) nepali k^{h}ana man parc^{h}a
(ノウ) ネパリ カナ マン パルチャ

48

A : तपाईंलाई नेपाली खाना मन पर्छ ?
tapaīlai nepali k^{h}ana man parc^{h}a
タパイライ ネパリ カナ マン パルチャ

B : हजुर, मलाई एकदम मन पर्छ ।
hajur malai ekdam man parc^{h}a
ハジュル マライ エクダム マン パルチャ

A : कहाँ खानुभयो ?
kahã k^{h}anub^{h}ayo
カハン カヌバヨ

B : मैले इकेबुकुरोको नेपाली रेष्टूराँमा एक पटक मात्र खाएँ ।
maile ikebukuroko nepali resṭurãma ek paṭak matra k^{h}aẽ
マイレ イケブクロコ ネパリ レストゥランマ エク パタック マットラ カエン

A : तपाईंलाई के के मन पर्‍यो ?
tapaīlai ke ke man paryo
タパイライ ケ ケ マン パリョ

B : मलाई म:म: र गोलभेंडाको अचार धेरै मीठो लाग्यो ।
malai mama ra golb^{h}eṛako acar d^{h}erai miṭ^{h}o lagyo
マライ モモ ラ ゴルベラコ アチャール デレイ ミト ラギョ

A : आलुतामा पनि मीठो हुन्छ । तपाईंलाई थाहा छ ?
alutama pani miṭ^{h}o hunc^{h}a tapaīlai t^{h}aa c^{h}a
アルタマ パニ ミト フンチャ タパイライ ター チャ

B : अहँ, थाहा छैन तर मलाई तामा मन पर्दैन ।
ahã t^{h}aa c^{h}aina tara malai tama man pardaina
アハン ター チャイナ タラ マライ タマ マン パルダイナ

【単　語】

49

नौ nau ९，9，9つの

खाना k^{h}ɑnɑ 食事，料理

मन man 心

पर्छ, पर्‍यो, परेन parc^{h}a, paryo, parena ＜ पर्नु ［自動］当たる，降る，位置する →解説

मन पर्छ, पर्‍यो, पर्दैन man parc^{h}a, paryo, pardaina ＞ -लाई ... मन पर्नु ...は...を好む，気に入る →解説

एकदम ekdam ［副］とても，非常に

कहाँ kahã ［疑副］どこ（で，に，へ）

खानुभयो, खाएँ, खानुभएन k^{h}ɑnub^{h}ayo, k^{h}ɑẽ, k^{h}ɑnub^{h}aena ＜ खानु ［他動］食べる，取り込む

इकेबुकुरो ikebukuro 池袋（地名）

पटक paṭak ［副］...度，...回，回数 ＝ चोटि

के के ke ke ［疑］何々（複数の事柄を問う）

म:म: mama モモ（ネパール式餃子）

गोलभेंडा golb^{h}ẽṛɑ トマト

अचार acɑr アチャール（ネパール式漬け物）

मीठो miṭ^{h}o ［形］おいしい，甘い

लाग्यो lagyo ＜ लाग्नु ［自動］つく，かかる，感じる，思う →解説

आलुतामा alutɑmɑ ジャガイモとタケノコの酸味のあるスープ ＜ आलु＋तामा

थाहा t^{h}aha 知ること ＞ -लाई ... थाहा हुनु ...は...を知っている →解説

तामा tɑmɑ タケノコ

【訳】

A：あなたはネパール料理は好きですか？

B：はい，私はとっても好きです．

A：どこで食べましたか？

B：池袋のネパールレストランで一度だけ食べました．

A：どういったものが気に入りましたか？

B：モモとトマトのアチャールが大変おいしいと思いました．

A：アルタマもおいしいですよ．あなたは知っていますか？

B：いいえ知りません．でも私はタマ（タケノコ）は嫌いです．

【解　説】

1．後置詞 -लाई

本来後置詞 -लाई lai は，名詞（及び名詞化した形容詞など）の後ろに付き，目的語を表します．ただし，通常は人や動物を表す単語にのみ付き，無生物には付きません．接続形を持つ代名詞（例：ऊ → उस，उनी → उन）には接続形に，それ以外は直接 -लाई を続けます．また動詞の -न 不定詞（11 課参照）の後ろに付き，「...するために」「...するには」の意味を表します．

मैले उसलाई हेरें । maile uslai herẽ　私は彼を見た．

बुबाले भाइलाई मात्र मिठाई दिनुभयो, मलाई दिनुभएन । buwale b^hailai matra miṭ^hai dinub^hayo malai dinub^haena　父は弟にだけお菓子をやって，私にはくれなかった．

यो कोठा बस्नलाई ठीक छैन । yo koṭ^ha basnalai ṭ^hik c^haina
この部屋は住むのに適していない．

2．मन पर्छ「好き」と मन पर्‍यो「気に入った」

動詞 पर्नु parnu は -लाई lai ... मन पर्छ man parc^ha の形で「...は...が好き」の意味になります．

मलाई कुकुर मन पर्छ, बिरालो मन पर्दैन । malai kukur man parc^ha biralo man pardaina
私はイヌが好きです，ネコは好きではありません．

意味上の主語には後置詞 -लाई lai が付きます．動詞 पर्नु は本来的には，文法上の主語...（ここでは कुकुर と बिरालो）によって変化しますが，実際は（とくに口語では）文法上の主語にかかわらず３人称単数 पर्छ/पर्दैन を使っても支障ありません．

मलाई उनीहरू मन पर्छन् । malai uniharu man parc^han
/मलाई उनीहरू मन पर्छ । malai uhinaru man parc^ha　私は彼らが好きです．

過去形 मन पर्‍यो/परेन man paryo parena は，「好きだった/好きではなかった」ではなく，「気に入った/気に入らなかった」の意味になります．

तपाईंलाई नेपाली खाना मन पर्‍यो कि परेन ? tapaĩlai nepali k^hana man paryo ki parena
あなたはネパール料理が気に入りましたか，気に入りませんでしたか？

なお「好きだった/好きではなかった」を言い表すためには，過去形ではなく，後述の過去完了形（16 課）あるいは習慣過去形（20 課）を用います．

３．動詞 लाग्नु

動詞 लाग्नु lagnu も पर्नुと似たような働きをします．-लाई lai ～ … लाग्छ lagcʰa の形で「…は～を…と思う」の意味になります．最初の…には意味上の主語，～には意味上の目的語，後の…には感情や状況を表す形容詞（補語）がきます．

मलाई नेपाल राम्रो लाग्छ तर जापान राम्रो लाग्दैन । malai nepal ramro lagcʰa tara japan ramro lagdaina　私はネパールは良いと思いますが，日本は良いと思いません．

मन पर्नुの場合と同様，意味上の主語には後置詞 -लाई が付きます．また意味上の目的語が文法上の主語になるので，本来的にはこの文法上の主語によって動詞が活用するのですが，मन पर्छ の場合と同様，実際は（とくに口語では）文法上の主語にかかわらず３人称単数 लाग्छ/लाग्दैन を使っても支障ありません．

मलाई तिम्रा छोराहरू राम्रा लाग्छन् । malai timra cʰoraharu ramra lagcʰan

私は君の息子達は良いと思う．

मलाई तिम्रा छोराहरू राम्रो लाग्छ । malai timra cʰoraharu ramro lagcʰa

過去形 लाग्यो/लागेन lagyo lagena にすると，「…と思った/思わなかった」になります．現在形を使用するのは評価が定まっている場合に使い，過去形は過去に感じた場合だけでなく，今この場で新たに感じている場合にも使います．

मलाई दालभात मीठो लाग्यो । malai dalbʰat miṭʰo lagyo

私はダルバートは美味しいと思った．

４．知っている थाहा छ

「知っている/知らない」を表す場合も，意味上の主語に後置詞 -लाईを付ける構文が用いられます．-लाई lai … थाहा छ tʰaha cʰa の形で，「…は…を知っている」の意味になります．

मलाई उसको नाम मात्र थाहा छ, थर थाहा छैन । malai usko nam matra tʰaa cʰa tʰar tʰa: cʰaina

私は彼の名前だけ知っている，姓は知らない．

छ/छैन の代わりに हुन्छ/हुँदैन や過去形の थियो/थिएन や भयो/भएन，その他の時制で使った場合のニュアンスの違いに注意が必要です．

यसको बारेमा कसैलाई थाहा हुँदैन । yesko barema kasailai tʰaa hũdaina

このことは誰にも分からないよ．

हिजोको कुरा आज थाहा भयो । hijoko kura aja tʰa: bʰayo　昨日のことが今日分かった．

10 (दश) यता आउनुहोस्।

(das) yeta aunos
(ダス) エタ アウノス

こちらに来てください

50

A : मदनजी, एक छिन यता आउनुहोस् त ।
madanji ek c^{h}in yeta aunos ta
マダンジ エク チン エタ アウノス タ

B : किन ? के भयो ?
kina ke b^{h}ayo
キナ ケ バヨ

A : मेरो कम्प्युटर बिग्रियो । एक चोटि यसो हेर्नुहोस् न ।
mero kampyuṭar bigriyo ek coṭi yeso hernos na
メロ カンピュタル ビクリヨ エク チョティ エソ ヘルノス ナ

B : खै, म इन्जिनियर पनि होइनँ, कसरी हेरूँ ?
k^{h}ai ma injiniyar pani hoinã kasari herũ
カイ マ インジニヤル パニ ホイナ カソリ ヘルン

A : त्यसो नभन्नुहोस् न । यहाँ बस्नुहोस् अनि राम्रोसँग हेर्नुहोस् ।
tyeso nab^{h}annos na yahã basnos ani ramrosãga hernos
テソ ナバンノス ナ ヤハン バスノス アニ ラムロサンガ ヘルノス

B : ए, यो काम मबाट हुँदैन । बरु सँगै कम्प्युटर पसलमा जाऔं ।
e yo kam mabaṭa hũdaina baru sãgai kampyuṭar pasalma jaaũ
エ ヨ カム マバタ フンダイナ バル サンガイ カンピュタル パサルマ ジャオウン

अनि पसलको इन्जिनियरलाई देखाऔं ।
ani pasalko injiniyarlai dek^{h}aaũ
アニ パサルコ インジニヤルライ デカオウン

A : हुन्छ, उसोभए त्यसै गरौं ।
hunc^{h}a usob^{h}ae tyesai garaũ
フンチャ ウソバエ テセイ ガロウン

【単　語】

51

दश das १०，10，10の

मदन madan マダン（男子名）

आउनुहोस् ɑunuhos 来てください
< आउनु ［自動］来る　→解説

त ta ［不変］→解説

किन kina ［疑］なぜ，どうして

कम्प्यूटर kampyuṭar コンピュータ（computer）

बिग्रियो bigriyo < बिग्रनु ［自動］壊れる

चोटि coṭi …回，回数　= पटक

यसो yeso ［副］こう，ざっと

हेर्नुहोस्, हेरूँ hernuhos, herũ < हेर्नु ［他動］見る　→解説

न na ［不変］→解説

खै k^{h}ai ［間］はて，さて，どれ

कसरी kasari ［疑副］どのように
> यसरी, त्यसरी, उसरी

त्यसो tyeso ［副］そのように　> यसो, उसो, कसो

नभन्नुहोस् nab^{h}annuhos < भन्नु ［他動］言う　→解説

बस्नुहोस् basnuhos < बस्नु ［他動］座る，泊まる，滞在する，住む，居る　→解説

-बाट bɑṭa ［後］…から，…によって
> -द्वारा

सँगै sãgai ［副］一緒に，共に < सँग + नै

पसल pasal 店，商店

जाऔं, नजाऊ jɑaũ, najɑu < जानु ［自動］行く　→解説

देखाऔं dek^{h}ɑaũ < देखाउनु ［他動］見せる，示す　→解説

हुन्छ hunc^{h}a ［間］よろしい，OK
⇔ हुँदैन

उसोभए usob^{h}ae ［接］それならば
> त्यसोभए

त्यसै tyesai ［副］（まさに）そのように
< त्यसो + नै

गरौं garaũ < गर्नु ［他動］する　→解説

【訳】

A：マダンさん，ちょっとこっちに来てくださいな．

B：なんですか．どうかしましたか？

A：私のコンピュータが壊れて，一度ちょっと見てくださいよ．

B：ええ，私は技師でもないですよ，どうやって見ろと．（どのように見ようか？）

A：そんなこと言わないでくださいよ．ここに座ってよく見てください．

B：ええ，私にはできませんよ．それじゃ一緒にコンピュータ店に行きましょう．
そして店の技師に見せましょう

A：分かりました．ではそうしましょう．

【解　説】

1．「あなた」に対するお願い（尊称命令形）

尊称 तपाईं tapaĩ「あなた」に対するお願い「...してください」は，動詞の辞書形（-नु 不定詞）に होस् (hos) を続けます．ネパール人と外国人の間で何かお願いする場合，一般的にはこの形を使います．また，禁止「...しないでください」のためには，動詞の前に打消しの न- (na) を加え न – नुहोस् (na – nuhos) の形にします．

माथि हेर्नुहोस् । matʰi hernos　　上を見てください．
तल नहेर्नुहोस् । tala nahernos　　下を見ないでください．

この -नुहोस् は，文字通りにきっちり発音すると [nuhos] ですが，会話の中では大抵は間の [uh] が消えて [nos]，あるいは [nus] と発音されます．文字で書く場合は通常 हेर्नोस् や हेर्नुस् とはせず，हेर्नुहोस् としなければなりません．

2．1人称命令形

1人称の命令＝自分に対する命令，というのは日本語ではピンとこないかも知れません．ここでは慣習に従い「命令形」としていますが，むしろ「その人称に対する話者（通常は私）の願望」と考えれば理解しやすいでしょう．

1人称単数命令形はそのまま平叙文だと，「自分は...しよう」という願望を表します．語尾を上げて疑問にすると，「...していいですか？」と相手に許可を求めるような表現になります．複数の場合は，「...しましょう」になります．

作り方は単数（म）の場合，動詞の語幹に -ऊँ (ũ) を加え，複数（हामी）は，動詞の語幹に -औं (aũ) を加えます．否定にするには動詞の前に打消しの न- を加えます．

म यहाँ बसूँ ? ma yahā̃ basũ　ここに座っていいですか（座りましょうか）？
टेनिस नखेलौं, फुटबल खेलौं । ṭenis nakʰelaũ pʰuṭbal kʰelaũ
　テニスはしないで（おきましょう），サッカーをしましょう．

上記以外に親称の2人称・3人称などにも命令形（願望）があります．巻末付録の一覧表を参考にしてください．

3．不変化詞 त, न, है, ल

強いお願い，逆に命令口調など，特定のニュアンスをつけ加えるためには，語調を変えたり，命令文の直後に त ta，न na，है hai，ल la などの不変化詞を続けることで補うことができます．

आउनुहोस् त । aunos ta　来てごらん.（目上から目下に対する感じ．偉そうな感じ）
आउनुहोस् न । aunos na　来てくださいよ.（説得する感じ．促す感じ）
आउनुहोस् है । aunos hai　来てくださいね.（念を押して相手に委ねる感じ）
आउनुहोス् ल । aunos la　来てくださいね.（愛情を示す感じ）

4．使役表現

使役を表すにはいくつかの方法がありますが，普通の動詞の多くは，その語幹の最後を -आउ (-āu) に変えることによって使役動詞となります．使役動詞と元の動詞とではニュアンスが異なる場合もあります．

普通の動詞		使役動詞
गर्नु garnu する	→	गराउनु garaunu させる
देख्नु dek^hnu 見える	→	देखाउनु dek^haunu 見せる
सिक्नु siknu 習う	→	सिकाउनु sikaunu 教える
उठ्नु uṭ^hnu 起きる	→	उठाउनु uṭ^haunu 起こす
बोल्नु bolnu 話す	→	बोलाउनु bolaunu 呼ぶ
बन्नु bannu できる	→	बनाउनु banaunu 作る
भेट्नु b^heṭnu 会う	→	भेटाउनु b^heṭaunu 会わせる
लाग्नु lagnu かかる	→	लगाउनु lagaunu かける
पाक्नु paknu 煮える	→	पकाउनु pakaunu 調理する
जान्नु jannu 知る	→	जनाउनु janaunu 知らせる
मर्नु marnu 死ぬ	→	मार्नु marnu 殺す
बल्नु balnu 火がつく	→	बाल्नु balnu 火をつける
दिनु dinu 与える	→	दिलाउनु dilaunu 与えさせる
खानु k^hanu 食べる	→	खुवाउनु k^huwaunu 食べさせる
रुनु runu 泣く	→	रुवाउनु ruwaunu 泣かせる
धुनु d^hunu 洗う	→	धुलाउनु d^hulaunu 洗わせる
पिउनु piunu 飲む	→	पियाउनु piyaunu 飲ませる

使役の形がない動詞であっても，辞書形の語末の -नु (-nu) を -न (-na) に変え，-न लगाउनु na lagaunu あるいは -न लाउनु na launu とすることによって，「...させる」という使役の意味を与えることができます．

練習問題　5

1．次の文章の誤りを直しなさい． 52

1）तपाईं राममा चिट्ठीलाई लेख्नुभयो ?（あなたはラムに手紙を書きましたか？）

2）म श्यामको पुरानो फोन नम्बरलाई थाहा थिएँ, तर नयाँ नम्बर थाहा छु ।（私はシャムの古い電話番号を知っていましたが，新しい番号は知りません）

3）म पहिलो चोटि दालभातलाई खायो । मलाई दालभात एकदम मन परें ।（私は初めてダルバートを食べました．私はダルバートがとても気に入りました）

4）भोलि मेरो कोठालाई हामीहरू सँगै भिडियो हेर्नुहोस् ।（明日私の部屋で，私たち一緒にビデオを見ましょう）

5）अधिकारीजीले म नेपाली भाषा सिक्नुभयो ।（アディカリさんは私にネパール語を教えました）

2．次の動詞を使役の形に変え，意味の違いを言いなさい．

1）पढ्नु　2）देख्नु　3）बन्नु　4）पाक्नु　5）बल्नु

6）खानु　7）मर्नु　8）लाग्नु　9）रुनु　10）धुनु

3．次の各文章の最後に，त，न，है，ल をあてはめ，それぞれのニュアンスの違いを言いなさい．

1）छिटो जानुहोस् (　　　) ।

2）यो पाउरोटी खानुहोस् (　　　) ।

3）यहाँ बस्नुहोस् (　　　) ।

4）जापानी भाषा बोल्नुहोस् (　　　) ।

5）ढोका बन्द गर्नुहोस् (　　　) ।

4．次のネパール語を読み，日本語に訳しなさい． 53

1）तपाईंलाई आँप मन पर्छ, होइन ?
हो, तर कसरी थाहा भयो ?

2）खाना पाक्यो ।
चिसो हुन्छ, चाँडै खाऔं ।

3）“भोलि पशुपति नजाऔं” रामले भन्यो ।
मलाई उसको विचार राम्रो लागेन ।

4）दसैंको बारेमा मलाई राम्रोसँग थाहा छैन ।
मलाई नेपाली संस्कृतिको बारेमा सिकाउनुहोस् न ।
5）कृष्णलाई यो काम गराउनु पर्छ ।
हुन्छ, म उसलाई गर्न लगाउँछु ।

5．次の日本語をネパール語に訳し，発音しなさい． 54

1）カドカ（खड्का）さんは私にマルプワをくれました．
私はとても美味しいと思いました．
2）あなたの家にいつ来ましょうか？（いつ来ればいいですか？）
— 明日の夜７時に来てください．
3）あなたはネパール料理の中で，何が好きですか？
— 私はグンドゥルックが一番好きです．
4）これよりも大きい傘を見せてください．
これよりも小さいのは見せないでください．
5）ネパールの首都はどの町か，あなたは知っていますか？
— 知っています．カトマンズです．

पाउरोटी 食パン　ढोका 戸　बन्द गर्नु 閉める　आँप マンゴー
पशुपति パシュパティ（地名，寺院名）　दसैं ダサイン祭　संस्कृति 文化
मालपुवा マルプワ（パンの一）　गुन्द्रुक グンドゥルック（乾燥発酵野菜）
छाता 傘　राजधानी 首都

ヒマラヤのしずく

◆エベレスト？チョモランマ？はたまた…

世界最高峰エベレスト山（8848m）がネパールと中国（チベット）の国境にあるということは皆さんよくご存知でしょう．テレビ報道などでチョモランマというチベット名も近年普及しつつある観があります．日本では案外知られていないようですが，ネパールでの正式名称はサガルマタ（सगरमाथा）といいます．

じつはこの名称は，インド測量局の測量で，世界で最も高い山がネパールにあるということが分かった後に，ネパールの誇りで付けられたもので，「天空に頭が届くほどの山」という意味の造語です．それまでは名称もなく，当時の人々はそれがどの山なのかもよく分からなかったそうです．

11 (एघार) किनमेल गर्न जानु पर्छ।

買い物に行かなければなりません

(eg^{h}ara) kinmel garna janu parc^{h}a

55

1） **A** : खानेकुरा छैन । किनमेल गर्न जानु पर्‍यो ।
k^{h}anekura c^{h}aina kinmel garna janu paryo

B : आजै जानु पर्छ ?
ajai janu parc^{h}a

A : हजुर, जानै पर्छ ।
hajur janai parc^{h}a

B : किन त्यस्तो हतार ?
kina tyesto hatar

A : खानेकुरा केही पनि छैन ।
k^{h}anekura kehi pani c^{h}aina

2） **A** : भोलि पानी परेन भने सँगै टेनिस खेल्न जानु पर्छ है ।
b^{h}oli pani parena b^{h}ane sãgai ṭenis k^{h}elna janu parc^{h}a hai

B : हुन्छ, तर यदि पानी पर्‍यो भने के गर्ने नि ?
hunc^{h}a tara yedi pani paryo b^{h}ane ke garne ni

A : कोठामा भिडियो हेर्नु पर्छ होला ।
koṭ^{h}ama b^{h}iḍiyo hernu parc^{h}a hola

【単　語】

56

एघार eg^hara ११, 11, 11の
खानेकुरा $k^hanekura$ 食べ物　< खाने + कुरा
किनमेल kinmel 買い物　> किनमेल गर्नु 買い物をする
गर्न garna　< गर्नु [他動] する，行う →解説
-नु पर्छ, पर्‍यो nu $parc^ha$, paryo ...しなければならない　→解説
आजै ajai　< आज + नै　→解説
जानै janai　< जानु + नै　→解説
किन kina [疑] なぜ
त्यस्तो tyesto [形] そのような；[副] そのように　> यस्तो, उस्तो
हतार hatar [名] 急ぎ　> हतार गर्नु 急ぐ
केही kehi [不代] 何か (ある)，何も (ない)
पानी pani 水，雨，液体　> पानी पर्नु 雨が降る　→解説
भने b^hane [接] ...ならば (条件節を作る) →解説
टेनिस ṭenis テニス (tennis) > टेनिस खेल्न जानु　→解説
खेल्न k^helna　< खेल्नु [他動] 遊ぶ，(スポーツ等を) する
यदि yedi [接] もしも，仮に　→解説
गर्ने garne　< [他動] गर्नु　→ 15 課解説
नि ni [間] (文末や語末に付いて，強調，確認などを表す)
भिडियो $b^hiḍiyo$ ビデオ (video)
हेर्नु hernu [他動] 見る

【訳】

1) A ：食べ物がない．買い物に行かなければなりません．
B ：どうしても今日行かねばなりませんか？
A ：はい，どうしても行かなければなりません．
B ：なぜそんなに急いでいるの？
A ：食べ物が何もないんです．

2) A ：明日雨が降らなければ一緒にテニスをしに行かねばなりませんよ (行きましょう)．
B ：分かりました．でももし雨が降ったらどうするの？
A ：部屋でビデオを見なければならないでしょう．

【解　説】

1．-नु पर्छ「…しなければならない」

「…しなければならない」という意味を表すには，動詞の辞書形（-नु）＋ पर्नु parnu になります．現在形の否定形の場合の意味は「…しなくてよい」になり，過去形の場合肯定形では「…しなければならなくなった」，否定形では「…しなくてよかった」となります．

この構文では，主語に関わらず，पर्नु は３人称単数の形をとります（現在形の場合 पर्छ parcʰa/पर्दैन pardaina，過去形では पर्‍यो paryo/परेन parena，etc.）．

自動詞，他動詞どちらの場合でも，主語にはニュアンスによって後置詞 -ले le または -लाई lai を付けることができます．とくに，自分がしなければならないという使命感や義務感があるような場合には -ले を，何かのせいで自分の意志に反してしなければならなくなった，というような場合には -लाई を付ける傾向にあります．

またこの形を使って，相手に対する婉曲的な要求や願望を表すこともできます．

मैले भोलि अफिस जानु पर्छ । maile bʰoli apʰis janu parcʰa
　私は明日会社に行かなければならない．
मलाई भोलि चाँडै उठ्नु पर्‍यो । malai bʰoli cãɽai uʈʰnu paryo
　私は明日早く起きなければならなくなった．
तपाईंले मलाई पैसा दिनु पर्‍यो । tapaĩle malai paisa dinu paryo
　あなたは私にお金を与えなければならない（お金を下さい）．

हुनु पर्छ hunu parcʰa で「…はずだ/違いない」の意味を表します．また -एको हुनु पर्छ eko hunu parcʰa では「…したはずだ/したに違いない」の意味になります（-एको は過去分詞，→ 16 課１）．

रामसँग धेरै पैसा हुनु पर्छ । ramsãga dʰerai paisa hunu parcʰa
　ラムはたくさんお金を持っているはずだ．
श्याम हिजो युरोप गएको हुनु पर्छ । syam hijo yurop gaeko hunu parcʰa
　シャムは昨日ヨーロッパに行ったに違いない．

なお，本来動詞 पर्नु parnu には「あたる，かかる」などの意味があり（→ 18 課３），雨や雪などが「降る」の意味でも使われます．

एयरपोर्ट शहरको पूर्वतिर पर्छ । eyarporʈ saharko purbatira parcʰa
　空港は町の東の方にあたります．

काठमाडौं उपत्यकामा हिउँ पर्दैन । kaṭ^{h}maṭaũ upattyekama hiũ pardaina

カトマンズ盆地では雪は降りません.

2．-न जानु「...しに行く」

後述の -न 不定詞（12 課参照）に जानु「行く」や आउनु「来る」などの動詞を繋げることによって「...しに行く」や「...しに来る」などの意味を表すことができます.

भोलि मेरो घरमा खाना खान आउनुहोस् । b^{h}oli mero g^{h}arma k^{h}ana k^{h}ana aunos

明日私の家にご飯を食べに来てください.

3．強調表現 ऐ（नै）

強調を表す不変化詞 नै nai を単語や文章の後ろに続けたり，単語の語尾を -ऐ (ai) に変えることによって，単語や文章を強調させることができます．また時には -ऐ や नै が，その単語の意味を弱める働きをすることもあります.

हिजो रामको घरबाट मेरै घरमा श्याम आयो । hijo ramko g^{h}arbaṭa merai g^{h}arma syam ayo

昨日ラムの家から私の家にシャムが来た.

हिजै रामको घरबाट मेरो घरमा श्याम आयो । hijai ramko g^{h}arbaṭa mero g^{h}arma syam ayo

昨日ラムの家から私の家にシャムが来た.

ठीक छ । ṭ^{h}ik c^{h}a　よろしい.　　　ठीकै छ । ṭ^{h}ikai c^{h}a　まあまあです.

4．仮定表現 भने

本来 भन्नु「言う」の仮定の形（第２過去分詞，→ 20 課３）である भने b^{h}ane「言うならば」を文章と文章の間に挿入して仮定・条件を表します．यदि yedi「もしも...」はあってもなくても構いません.

राम आयो भने श्याम जान्छ । ram ayo b^{h}ane syam janc^{h}a

ラムが来たらシャムは行きます．（条件）

राम आउँछ भने श्याम जान्छ । ram aũc^{h}a b^{h}ane syam janc^{h}a

ラムが来るならシャムは行きます．（仮定）

また भने に後置詞 -देखि dek^{h}i が付いて भनेदेखि b^{h}anedek^{h}i「...と言うならば」（縮約形は भन्देखि b^{h}andek^{h}i）の形をとることもあります.

यो के हो भन्देखि नेपालको सबभन्दा मीठो खानेकुरा हो । yo ke ho b^{h}andek^{h}i nepalko sabb^{h}anda miṭ^{h}o k^{h}anekura ho　これは何かというと，ネパールの最も美味しい食べ物です.

12 (बाह्र) मलाई भोक लाग्यो।

bara malai b^{h}ok lagyo

お腹が空きました

1) **A** : तपाईंलाई भोक लाग्यो ?
tapaĩlai b^{h}ok lagyo

B : हजुर, मलाई भोक लाग्यो । मलाई केही खानेकुरा दिनुहोस् ।
hajur malai b^{h}ok lagyo malai kehi k^{h}anekura dinos

A : अहिले खानेकुरा केही पनि छैन जस्तो छ ।
aile k^{h}anekura kehi pani c^{h}aina jasto c^{h}a

त्यसैले वनमा गएर आफै खानेकुरा खोज्नुहोस् ।
tyesaile banma gaera ap^{h}ai k^{h}anekura k^{h}ojnos

B : त्यसो नभन्नुहोस् । वनमा जान मलाई धेरै डर लाग्छ ।
tyeso nab^{h}annos banma jana malai d^{h}erai ḍar lagc^{h}a

A : किन ? वनमा भूत छ जस्तो लाग्छ ?
kina banma b^{h}ut c^{h}a jasto lagc^{h}a

तपाईंलाई नेपाल कस्तो लाग्यो ?
मलाई धेरै रमाइलो लाग्यो ।

2) **B** : तपाईंलाई नेपाल कस्तो लाग्यो ?
tapaĩlai nepal kasto lagyo

A : मलाई धेरै रमाइलो लाग्यो ।
malai d^{h}erai ramailo lagyo

B : अझ केही महीना बस्न चाहनुहुन्छ ?
aj^{h}a kehi maina basna caanuhunc^{h}a

A : हजुर, अझ १ वर्ष जति बस्न मन लाग्यो ।
hajur aj^{h}a ek barsa jati basna man lagyo

【単　語】

58

बाह्र bara १२，12，12の

भोक b^{h}ok 空腹　＞ -लाई भोक लाग्नु …（人）はお腹が空く

दिनु dinu ［他動］与える，くれる，やる ⇔ लिनु 受けとる，もらう

जस्तो jasto ［副］＞ … जस्तो छ …のようだ　-लाई … जस्तो लाग्नु …（人）は…のように思う/感じる　→解説

त्यसैले tesaile ［接］だから，それゆえ ＜ त्यस + नै + ले

वन ban 森　＝ जङ्गल

आफै ap^{h}ai ［再代］自ら，自分で　＜ आफू + नै

खोज्नु k^{h}ojnu ［他動］探す　＞ -न खोज्नु …しようとする

डर ḍar，ḍara 恐怖，恐れ　＞ -लाई … को डर लाग्नु …（人）は…が怖い

भूत b^{h}ut お化け，幽霊，死霊

अझ aj^{h}a ［副］まだ，もっと，より一層

महीना mahina （暦の）月，月間　＝ महिना

बस्न basna　＜ बस्नु ［自動］座る，滞在する，住む

चाहनु cahanu ［他動］欲する，欲しい　＞ -न चाहनु …したい

वर्ष barsa 年，歳

जति jati ［副］…ほど，…程度

मन लाग्नु man lagnu　＞ -लाई -न मन लाग्नु …（人）は…したい

【訳】

1）A：あなたはお腹が空きましたか？

B：はい，私はお腹が空きました．何か食べ物をください．

A：今食べ物は何もないようです．
だから森に行って自分で食べ物を探してください．

B：そんなこと言わないでください．森に行くのはとても怖いです．

A：なぜ？　森にお化けがいると思っているの？

2）B：ネパールはどうですか？

A：とても楽しいです．

B：あと何ヶ月か滞在したいですか？

A：はい，あと1年ほど滞在したくなりました．

【解　説】

1．感情・感覚の表現　-लाई ... लाग्यो

...の部分には名詞が入り，空腹（भोक b^hok）や喉の渇き（तिर्खा $tirk^ha$/प्यास pyas），疲れ（थकाइ t^hakai）などの感覚，あるいは辛さ（दुःख $dukk^ha$），喜び（खुशी k^husi）などの感情を表すのが，この -लाई lai ... लाग्यो lagyo の形です．意味上の主語には -लाई lai が付き，動詞は必ず３人称単数になります．

現在形を使うと，一般性，恒常性，未来のことを表すことになります．今現在のことを表すのには，過去形（疲れた）あるいは現在完了形（疲れている，→ 16 課３.）を用います．

過去形の否定形を用いると過去のことを表してしまう（疲れなかった）ので，今現在まだ「疲れていない」ことを表すためには現在完了形を用います．

मलाई थकाइ लाग्यो । malai t^hakai lagyo　疲れた（疲れを感じた）
मलाई थकाइ लागेको छ । malai t^hakai lageko c^ha　疲れている（疲れを感じている）
मलाई थकाइ लागेको छैन । malai t^hakai lageko c^haina　疲れていない（疲れを感じていない）

2．...のような　... जस्तो

疑問詞 कस्तो kasto「どのような」の関係詞の形である जस्तो jasto「どのようでも」は，「...のような（に）」を表します．...の部分には名詞・形容詞の他，動詞や文章がくることもできます．また ... जस्तो लाग्नु「...のように思う」の形にすることによってより強く推量のニュアンスを出すことができます．

तपाईं मेरो बुबा जस्तो हुनुहुन्छ । tapaĩ mero buba jasto hunuhunc^ha
あなたは私の父のよう（な人）だ．（比況・例示「...に似ている，...のごとくだ」）
भोलि पानी पर्छ जस्तो छ । b^holi pani parc^ha jasto c^ha　明日は雨が降りそうだ．（推定・推量）
म गएँ भने सीता पनि जान्छ जस्तो लाग्छ । ma gaẽ b^hane sita pani janc^ha jasto lagc^ha
私が行けばシタも行くように思う．（推定・推量）

3．...したい

「欲する」を意味する動詞 चाहनु cahanu を使い，... -न चाहनु na cahanu で，「...したい」を表します．欲求を表す最も一般的な表現です．

तपाईं के गर्न चाहनुहुन्छ ? tapaĩ ke garna caanuhunc^ha　あなたは何をしたいですか？
म अहिले सुत्न चाहन्छु । ma ahile sutna caanc^hu　私は今寝たいです．

また -लाई lai -न मन लाग्नु na man lagnu の形でも，「...（人）は...したい（したく

なる)」を表します．चाहनुよりも一時的・気分的なニュアンスがあります．意味上の主語には後置詞 -लाई を付け，लाग्नु はつねに３人称単数の形をとります．似た形の -न मन पर्छ「…するのが好き」と混同しないようにしてください．

गुलियो चीज देखेपछि खान मन लाग्छ ? guliyo cij dek^h^epac^h^i k^h^ana man lagc^h^a
甘いモノを見ると食べたくなりますか？
आज मलाई घरमा फर्किन मन लाग्दैन । aja mlai g^h^arma p^h^arkina man lagdaina
私は今日は家に帰りたくない．
मलाई सिनेमा हेर्न मन लाग्यो । malai sinema herna man lagyo
私は映画を見たくなった．(見たい)
मलाई सिनेमा हेर्न मन पर्छ । malai sinema herna man parc^h^a　私は映画を見るのが好きだ．

４．-न 不定詞

これは動詞の辞書形の語尾 -नु (nu) の部分を -न (na) に変えて，つまり語幹＋ न でできる不定詞で，「…すること」あるいは「…しに」というような意味で使われます．

मलाई वनमा हिंड्न मन पर्छ । malai banma hĩṭna man parc^h^a　私は森を歩くことが好きだ．
खाना खान आउनुहोस् । k^h^ana k^h^ana aunos　ご飯を食べに来てください．

「…するために」という意味をはっきりさせるためには，-नको लागि nako lagi（あるいは -नका लागि naka lagi）とします．

खाना खानको लागि आउनुहोस् । k^h^ana k^h^anako lagi aunos
ご飯を食べるために来てください．

-न 不定詞の後にいろいろな動詞を組み合わせて，「…し始める」「…させる」などとすることができます．

हिजोदेखि नेपाली भाषा सिक्न थालें । hijodek^h^i nepali b^h^asa sikna t^h^alẽ
昨日からネパール語を学び始めました．
म रामलाई घरमा आउन दिन्नँ । ma ramlai g^h^arma auna dinnã
私はラムを家には来させません（来ることを許可しない）．

-न लगाउनु では，その動詞を使役化させることができます．

सीतालाई काम गर्न लगाउनु पर्छ । sitalai kam garna lagaunu parc^h^a
シタに仕事をさせなければならない．

1．次の文章の誤りを直して正しい文章にし，意味を言いなさい．
1）राम सात बजे काम गर्नु आउँछ ।
2）रमेश पैसा कमाउनु लागि जापान आयो ।
3）म नेपाल जानु चाहन्छ ।
4）म नौ बजे अफिस पुग्नु पर्छु ।
5）तपाईं जापान आउनु मन लाग्नुहुन्छ ?

2．下からふさわしい単語を選び，カッコに当てはめなさい．そして意味を言いなさい（1つの単語は1度だけ使います）． 59
1）नेपालभन्दा थाइल्याण्ड जान（　　　　　）लाग्छ ।
2）भोलि पानी पर्दैन（　　　　　）छ ।
3）（　　　　　）राम आयो（　　　　　）यो किताब उसलाई दिनुहोस् ।
4）（　　　　　）श्याम आउँदैन（　　　　　）।
5）धेरै खाना खाएँ ।（　　　　　）लागेको छैन ।
6）नेपाली भाषा सिक्नको（　　　　　）नेपाल जानु पर्छ ।

तिर्खा, लागि, थाहा, भोक, सबभन्दा, यदि, जस्तो, होला, मन, सायद, भने
（使わない単語もあります）

3．下線の単語を強調する文章にし，意味の違いを言いなさい．
1）फुटबल गेम हेर्नु पर्छ ।
2）फुटबल गेम हेर्नु पर्छ ।
3）आज मेरो घरमा आउनुहोस् ।
4）आज मेरो घरमा आउनुहोस् ।
5）श्याम नेपालमा शिक्षक थियो ?
6）श्याम नेपालमा शिक्षक थियो ?
7）श्याम नेपालमा शिक्षक थियो ?

4．次のネパール語を読み，日本語に訳しなさい． 60
1）यहाँको नियम अनुसार बिहान ६ बजे उठ्नु पर्छ ।
2）तपाईंले मलाई कलम दिनु पऱ्यो ।

3）तपाईं नेपाल जानुभयो भने हिमाल पनि हेर्नुहोस् ।
4）मलाई निन्द्रा लाग्यो । अब सुत्न मन लाग्यो ।
5）यो नेपाली चिया जस्तो छ ।
6）जिउनको लागि पैसा कमाउन चाहन्छु ।
7）बस आउँदैन जस्तो छ । ट्याक्सीमा जानुहोस् ।

5．次の日本語をネパール語に訳し，発音しなさい． 61
1）明日用事があるなら，ここには来なくていいです．
2）私は10時に買い物をしに行きたいです．
3）マンゴーはバナナより高いでしょう．
4）ネパール語を話すためには，沢山勉強しなければなりません．
5）ラムは去年から日本語を習い始めました．
6）私はあなたを自分の父のように思います．
7）あなたは今何をしたいですか？

कमाउनु 稼ぐ　पुग्नु 到着する　थाइल्याण्ड タイ王国　गेम ゲーム
अनुसार …に従って　हिमाल ヒマラヤ　निन्द्र 眠気　अब もう　चिया お茶
बस バス　ट्याक्सी タクシー　केरा バナナ　पोहर साल 去年

ヒマラヤのしずく

◆ネパール語事始め ― 河口慧海

初めてネパールに入国した日本人として，河口慧海の名前を聞いた方もいることでしょう．彼は黄檗宗の僧侶で，仏典を求めてネパールからチベットに潜入するルートをとったのでした．

慧海は日本人として初めて，1899年1月25日インドから陸路ネパールに入るのですが，その2日前，インドの国境の町スゴウリで，英語とネパール語のできるベンガル人の郵便局長から2日間ネパール語を学びました．これからネパール国内を旅するのに，言葉の必要性を感じたからです．このことは彼の著書『チベット旅行記』に記されています．

おそらくこれが日本人がネパール語を学んだという最初の記録です．たった2日間ですが，英語，中国語，チベット語などを自在にあやつることのできた慧海にとって，予備知識を得るためには十分だったのかもしれませんね．

13 (तेह्र) तपाईंलाई टेनिस आउँछ ?

あなたはテニスができますか？

(teera) tapaĩlai ṭenis aũc^{h}a

62

A : तपाईंलाई टेनिस आउँछ ?
tapaĩlai ṭenis aũc^{h}a

B : हजुर, मलाई टेनिस खेल्न आउँछ ।
hajur malai ṭenis k^{h}elna aũc^{h}a

A : भोलि सँगै खेल्न जानुहुन्छ ?
b^{h}oli sãgai k^{h}elna januhunc^{h}a

B : जान त चाहन्छु तर मेरो र्‍याकिट बिग्रियो । त्यसैले भोलि
jana ta caanc^{h}u tara mero ryakiṭ bigriyo tyesaile b^{h}oli

खेल्न पाउँदिनँ ।
k^{h}elna paũdinã

A : केही हुँदैन, त्यहाँ भाडामा र्‍याकिट दिन्छ । धेरै महँगो पनि छैन ।
kehi hũdaina tyahã b^{h}aṛama ryakiṭ dinc^{h}a d^{h}erai mahãgo pani c^{h}aina

B : उसोभए खेल्न सक्छु । त्यहाँ पुग्ने बित्तिकै खेल्न पाइन्छ ?
usob^{h}ae k^{h}elna sakc^{h}u tyahã pugne bittikai k^{h}elna painc^{h}a

A : अरू कोही छैन भने खेल्न दिन्छ ।
aru kohi c^{h}aina b^{h}ane k^{h}elna dinc^{h}a

【単 語】

63

तेह्र teera १३, 13, 13の
-लाई lai ... आउनु aunu ...(人)は...できる →解説
-लाई lai ... -न आउनु na aunu ...(人)は...することができる →解説
र्‍याकिट ryakiṭ ラケット (racket)
बिग्रियो bigriyo ＜ बिग्रिनु [自動] こわれる ＞ बिगार्नु [他動] こわす
पाउँदिनँ paũdinã ＜ पाउनु [他動] 得る
-न पाउनु na paunu ...(人)は...することができる →解説
भाडा bʰaṛa 賃貸料，借り賃 ＞ भाडामा दिनु (料金を取って) 貸す
महँगो mahãgo [形] (値段が) 高い
सक्छु sakcʰu ＜ सक्नु [他動] 終える，できる -न सक्नु ...することができる →解説
पुग्ने pugne ＜ पुग्नु [自動] 着く，到達する，足りる
बित्तिकै bittikai [副] (-ने बित्तिकै の形で) ...するや否や，...してすぐ ＞ पुग्ने + बित्तिकै →解説
पाइन्छ paincʰa ＜ पाइनु [自動] 得られる ＞ पाउनु →解説
खेल्न दिन्छ kʰelna dincʰa ＞ -न दिनु ...することを許す，...させる

【訳】

A：あなたはテニスができますか？
B：はい，私はテニスをすることができます．
A：明日一緒にしに行きますか？
B：行きたいのですが，ラケットが壊れました．ですから明日はできません．
A：大丈夫ですよ，そこでラケットを貸してくれます．そんなに高くもありません．
B：それならば，できます．着いたらすぐにテニスはできるんですか？
A：他に人がいなければさせてくれますよ．

【解　説】

1．-न सक्नु

「...することができる」を表す「可能」の表現には何種類かありますが，その中でも最も普通に使える範囲が広いのがこの -न सक्नु です．सक्नु saknu は主語によって活用します．

म मोटर हाँक्न सक्छु । ma moṭar hãkna sakcʰu　私は車を運転することができる．

2．-लाई -न आउँछ

これは技術や能力として「できる」ことを表す時に用いられます．意味上の主語には後置詞 -लाई lai が付き，आउनु aunu はつねに３人称単数となります．

मलाई मोटर हाँक्न आउँछ । malai moṭar hãkna aũcʰa
私は車を運転することができる（運転する技術を持っている）．

この形では -न の代わりに，この部分に名詞を入れて「...ができる」とすることもできます．

तपाईंलाई नेपाली भाषा आउँछ ? tapaĩlai nepali bʰasa aũcʰa
あなたはネパール語ができますか？

もし主語に -लाई を付けないで，आउनु も主語にあわせて活用させると，「...しに来る」になってしまうので，注意が必要です．

म मोटर हाँक्न आउँछु । ma moṭar hãkna aũcʰu　私は車を運転しに来る．

3．-न पाउनु

動詞 पाउनु「得る」を使うことによって，状況や規則などに許されて「できる」というニュアンスがでます．

सवारी चालक अनुमति पत्र छैन भने मोटर हाँक्न पाउनुहुन्न । sawari calak anumati patra cʰaina bʰane moṭar hãkna paunuhunna　運転免許証がないならば車を運転することはできません．

4．受け身（自発）

受け身（自発）動詞を作るには，通常の形の動詞の語幹（副語幹を持つ動詞は，副語幹）に इ (i) を付け，-इनु の形にします．この結果「...する」が「...される」になったり，ニュアンスが多少変わったりすることもあります．

通常の形			受け身の形	
गर्नु garnu	する		गरिनु garinu	される
भन्नु b^hannu	言う		भनिनु b^haninu	言われる
हेर्नु hernu	見る	→	हेरिनु herinu	見られる
देख्नु dek^{h}nu	見える		देखिनु dek^{h}inu	見える
चाहनु cahanu	欲しい		चाहिनु cahinu	欲せられる

यसलाई नेपाली भाषामा के भन्छन् ? yeslai nepali b^hasama ke b^hanc^{h}an

これはネパール語で（人々は）何と言いますか？

यसलाई नेपाली भाषामा के भनिन्छ ? yeslai nepali b^hasama ke b^haninc^{h}a

これはネパール語で何と言いますか？（言われますか？）

म नेपाली खाना खान चाहन्छु । ma nepali k^{h}ana k^{h}ana caanc^{h}u　私はネパール料理を食べたい.

मलाई नून चाहियो । malai nun caiyo　私は塩が欲しい.（नून「塩」が文法上の主語）

上の１．と３．の सक्नु や पाउनु は，受け身の形にして３人称単数で सकिन्छ や पाइन्छ などとすると，「(一般的に) ...できる」を表すことになります.

मोटर हाँक्न सकिन्छ । moṭar hãkna sakinc^{h}a　車を運転することができます.

सवारी चालक अनुमति पत्र छैन भने मोटर हाँक्न पाइँदैन । sawari calak anumati patra c^{h}aina b^hane moṭar hãkna paĩdaina　運転免許証がないならば車を運転することはできません.

ネパール語では他動詞･自動詞に関わらず受け身（自発）の形になりえます．この場合主語はなくなり，話者の強い気持ちを表す際に使われることがあります.

आज धेरै हिंडियो ! aja d^{h}erai hĩṛiyo　今日はたくさん歩いた！

खूब खाइयो ! k^{h}ub k^{h}aiyo　いっぱい食べた！

5．-ने बित्तिकै

動詞の基本語幹に -ने ne を付けた形を現在分詞（→ 15 課）といいますが，-ने बित्तिकै ne bittikai で「...するやいなや」「...してすぐ」を表します（बित्तिकै を後置詞として -नेबित्तिकै とつなげて表記することもあります）.

पैसा पाउने बित्तिकै हरि पोखरा गयो । paisa paune bittikai hari pok^{h}ara gayo

お金を得るとハリはすぐさまポカラに行った.

ご飯を食べ終わりましたか？

14 (चौध) खाना खाइसक्नुभयो ?

(caud^ha) k^hana k^haisaknub^hayo

64

1）**A**：तपाईंले खाना खाइसक्नुभयो ?
tapaĩle k^hana k^haisaknub^hayo

B：हजुर, खाइसकें ।
hajur k^haisakẽ

A：उसोभए एक छिन यता आएर मलाई मद्दत गर्न
usob^hae ek c^hin yeta aera mlai maddat garna

सक्नुहुन्छ होला ?
saknuhunc^ha hola

B：हुन्छ, हातमुख धोइसकेपछि म आउँछु ।
hunc^ha hatmuk^h d^hoisakepac^hi ma aũc^hu

2）**A**：मेरो घडी बिग्रियो । तपाईंलाई घडी बनाउन आउँछ ?
mero g^haṛi bigriyo tapaĩlai g^haṛi banauna aũc^ha

B：आउन त आउँछ, तर अहिले मसँग बनाउने औजार छैन ।
auna ta aũc^ha tara aile masãga banaune aujar c^haina

त्यसैले आजै बनाउन सकिंदैन ।
tyesaile ajai banauna sakĩdaina

A：भोलि मिल्छ होला ?
b^holi milc^ha hola

B：हुन्छ भोलि बनाइदिन्छु ।
hunc^ha b^holi banaidinc^hu

【単　語】

65

चौध caud^{h}a १४，14，14 の

खाइसक्नुभयो，खाइसकें k^{h}ɑisaknub^{h}ayo, k^{h}ɑisakẽ ＞ -इ ＋सक्नु …してしまう，（すでに）…し終える →解説

मद्दत maddat 手助け ＞ मद्दत गर्नु 手助けする

हातमुख hɑtmuk^h 手と口 ＜ हात ＋ मुख

धोइसकेपछि d^{h}oisakepac^{h}i 洗ってから ＜ धोइ ＋सके＋ पछि ＜ धुनु［他動］洗う（-ए ＋ पछि …してから，…した後で →17 課解説）

घडी g^{h}aṛi 時計

आउन त आउँछ ɑuna ta ɑũc^{h}a できるにはできるが ＞ -न त … …するにはするが →解説

बनाउने banɑune ＜ बनाउनु［他動］作る，修理する →15 課解説

औजार aujɑr 道具，工具

सकिँदैन sakĩdaina ＜ सकिनु［自動］終わる，できる ＞ सक्नु

मिल्छ milc^{h}a ＜ मिल्नु［自動］合う，合致する，仲良くする

बनाइदिन्छु banɑidinc^{h}u ＞ -इ ＋ दिनु …してやる，わざわざ…する →解説

【訳】

1）A：あなたはご飯はもう食べ終わりましたか？

B：はい，すでに食べました．

A：ではちょっとこっちへ来て手伝ってくださいませんか？

B：いいですよ．手と口を洗ってから行きます（来ます）．

2）A：私の時計が壊れました．あなたは時計を修理できますか？

B：できるにはできますが，今は修理道具を持っていません．ですから，今日修理することはできません．

A：明日は大丈夫ですか？

B：いいですよ．明日修理してあげます．

【解　説】

1．複合動詞（-इ ＋動詞）

２つ（かそれ以上）の動詞が組合わさってできた動詞を複合動詞と呼びます．複合動詞を作るには，動詞の語幹（副語幹を持つ動詞は副語幹）に इ (i) を付けた形（これを複合分詞と呼びます）に，限られたある特定の動詞が続きます．この時 -इ とその後ろに続く動詞の間にスペースは入れないで，続けて１つの単語とします．

多くの場合その複合動詞が他動詞であるか自動詞であるかは，前の部分の動詞が他動詞か自動詞かによって決まります．

複合動詞を生成する動詞の元の意味とはいくぶん異なったニュアンスになる場合があります．以下に，複合動詞を生成するいくつかの動詞の例を示します．なお，-इसक्नु isaknu については次の２．で，また -इरहनु は 19 課で詳述します．

हाल्नु halnu 入れる　→ **-इहाल्नु** ihalnu （さっさと）…してしまう

मैले दुई वटा स्याउ खाइहालें । maile dui oṭa syau kʰaihalẽ

私はリンゴ２つを（さっさと）食べてしまった．

होमवर्क गरिहाल्नुहोस् । homwark garihalnos

宿題を（さっさと）してしまってください．

दिनु dinu 与える　→ **-इदिनु** idinu …してやる（恩や被害を被らせる）

तपाईंले धेरै काम गरिदिनुभयो । tapaı̃le dʰerai kam garidinubʰayo

あなたは多くのことをしてくれました．

तँलाई मारिदिन्छु । tãlai maridincʰu　貴様を殺してやる．

कुकुरले मासु खाइदियो । kukurle masu kʰaidiyo　犬が肉を食べてしまった．

हेर्नु hernu 見る　→ **-इहेर्नु** ihernu 試みる

यो केरा खाइहेर्नुहोस् त । yo kera kʰaihernos ta　このバナナを食べてみてくださいな．

एक चोटि गरिहेर्नुभयो भने थाहा हुन्छ । ek coṭi garihernubʰayo bʰane tʰa: huncʰa

一度やってみれば分かりますよ．

複合動詞の中には，特定の決まった動詞の結びつきしかないものもあります．

राम हिजो टोकियोमा आइपुग्यो । ram hijo ṭokiyoma aipugyo　ラムは昨日東京に到着した．

परिआयो भने म पनि गर्छु । pariayo bʰane ma pani garcʰu

何か起こったならば私もやりますよ．

तपाईंले के भनिठान्नुभयो (भन्ठान्नुभयो) होला ? tapaı̃le ke bʰaniṭʰannubʰayo (bʰanṭʰannubʰayo) hola　あなたは何だと思われたのでしょうか？

2．-इसक्नु

動詞 सक्नु saknu の単独の意味は，「済ませる」「終える」ですが，複合分詞 -इ の後ろに動詞 सक्नु が付き -इसक्नु isaknu となると「...し終える」「すでに...してしまう」の意味となります．

६ बजेसम्ममा सबैजना गइसक्नु पर्छ । c^{h}a bajesammamɑ sabaijanɑ gaisaknu parc^{h}a
　６時までに全員行ってしまわなければならない．

-न ＋動詞（13 課１.）と混同しないように注意しなければなりません．
उसले यो काम गर्न सक्यो । usle yo kɑm garna sakyo
　彼（彼女）はこの仕事をすることができた．
उसले यो काम गरिसक्यो । usle yo kɑm garisakyo　彼（彼女）はこの仕事をすでにし終えた．

3．-न त（...するにはする（した）が）

不変化詞 त ta の前後を動詞の -न na 不定詞とその同じ動詞ではさむことによって，「...するにはする（した）が」という行為の保留のニュアンスを表します．ですから多くの場合この後に逆接の接続詞（तर tara，तैपनि taipani など）が続くことになります．

मैले पढ्न त पढें तर जाँचमा राम्रोसँग लेख्न सकिनँ । maile paṛ^{h}na ta paṛẽ tara jãcmɑ rɑmrosãga lek^{h}na sakinã　私は勉強するにはしたが，試験でうまく書くことはできなかった．

हुन त ...の形では，...の部分にどのような動詞が来ても良く，その場合「もっとも...なのだけれども」というニュアンスになります．

हुन त मलाई कफी त्यति मन पर्दैन तैपनि तपाईंले बनाइदिनुहुन्छ भने पिउँछु । huna ta malɑi kap^{h}i tyeti man pardaina taipani tapɑ̃ile banɑidinuhunc^{h}a b^{h}ane piũc^{h}u　もっとも私はコーヒーはそれほど好きではないのだが，それでもあなたが作ってくれるならば飲みます．

1．次の文章の誤りを直して正しい文章にし，意味を言いなさい．

1）तपाईं लुगा धुइसक्नुभयो ?

2）तानाकाजीलाई नेपाली खाना पकाउनु आउनुहुन्न ।

3）मैले खाना खानेपछि टि.भि. हेरें ।

4）मलाई नेपाली भाषा आउन त आउँछ त्यसैले त्यति राम्रोसँग आउँछु ।

5）तपाईं उठ्नु बित्तिकै मेरो घरमा आउन हाल्नुहोस् ।

2．カッコの中に，下記の動詞を各1回ずつ，正しい形に変えてあてはめなさい．（使わない動詞が2つあります） 66

A：तपाईं मोटर हाँक्न（　　1　　）?

B：मलाई मोटर हाँक्न（　　2　　）तर मसँग लाइसेन्स छैन ।

A：लाइसेन्स छैन भने यहाँ मोटर हाँक्न（　　3　　）।
तपाईंले लाइसेन्स（　　4　　）भने तपाईंलाई मेरो मोटर हाँक्न（　　5　　）।

सुत्नु, आउनु, सक्नु, पुग्नु, पाउनु, दिनु, लिनु

3．通常の文章を受け身の形で，また受け身の文章を通常の形で言い換えなさい．

1）कागलाई जापानी भाषामा के भन्छन् ?

2）म एउटा क्यामरा चाहन्छु ।

3）रामद्वारा हामीलाई नेपाली भाषा सिकाइयो ।

4）म आज धेरै थाकें ।

5）यहाँ चुरोट खान पाउनुहुन्छ ।

4．次のネパール語を読み，日本語に訳しなさい． 67

1）तपाईंले मलाई धेरै सहयोग गरिदिनुभयो ।

2）यो लुगा तपाईंलाई मिल्छ कि मिल्दैन, एक चोटि लाइहेर्नुहोस् ।

3）म यो काम भोलिसम्ममा गर्न सक्छु ।

4）यहाँ ताजा मासु पाइन्छ ।

5）मैले श्यामलाई यो काम गर्न दिएँ ।

6）म करेला खान त खाइहेर्छु तर मलाई मीठो होला जस्तो लाग्दैन ।

5．次の文章をネパール語に訳し，発音しなさい． 68

1）私はネパールの歌をうたうことができるが，踊ることはできません．

2）手を洗ってからご飯を食べてください．

3）食べてやる！

4）ネパールに行くには行ったが，ヒマラヤは見えなかった．

5）手紙を受け取り次第，私に電話してください．

6）私はこの仕事を明日までにし終えます．

लाइसेन्स 免許　**क्यामरा** カメラ　**थाक्नु** 疲れる　**चुरोट** タバコ

सहयोग 協力　**कि** あるいは　**ताजा** 新鮮な

ヒマラヤのしずく

◆ネパール語と英語(2)

ネパールのポピュラーな食材の中に，イスクス **इस्कुस** というウリ科の野菜があります（日本ではハヤトウリと呼ばれます）．イスクスというのは，じつは英語でウリやカボチャを表す squash がネパール語化した単語です．

ネパール人は語頭の連続した子音を発音するのが困難なため，頭にイの音をおくことによって発音しやすくしているのです．日本語でも，ラ行音から始まる音を回避するため，たとえばロシアのことを，江戸時代にはオロシヤと呼んでいたのと同じ原理です．

同様に school はイスクールという感じで発音されるのです．

15 (पन्ध्र) पोखरा जाने बस कुन हो ?

ポカラ行きのバスはどれですか？

(pandʰra) pokʰara jane bas kun ho

69

A : पोखरा जाने बस कुन हो ?
pokʰara jane bas kun ho

B : उता टिकट काट्ने घरको छेउको बस हो ।
uta ṭikaṭ kaṭne gʰarko cʰeuko bas ho

पोखरामा कति दिन बस्ने ?
pokʰarama kati din basne

A : धेरै त बस्दिनँ । बरु पोखराबाट जोमसोमतिर जानु छ ।
dʰerai ta basdinã baru pokʰarabaṭa jomsomtira janu cʰa

अनि २ हप्ता जति उतै बस्ने विचार छ ।
ani dui hapta jati utai basne bicar cʰa

B : काठमाडौं पुग्ने बित्तिकै मलाई खबर गर्नुहोस् है ।
kaṭʰmaḍaũ pugne bittikai malai kʰabar garnos hai

खाना खाने गरी मेरो घरमा आउनु पर्छ ।
kʰana kʰane gari mero gʰarma aunu parcʰa

A : लौ, के गर्ने ? समय भए त्यसै गर्ने थिएँ ।
lau ke garne samaye bʰae tyesei garne tʰiẽ

यसपालि सीधै भारततिर जानु पर्छ ।
yespali sidʰai bʰarattira janu parcʰa

अर्को पटक अवश्य पनि तपाईंको घरमा आउनेछु ।
arko paṭak abasya pani tapaĩko gʰarma aunecʰu

【単　語】

70

पन्ध्र pand^{h}ra १५，15，15の
पोखरा pok^{h}ara ポカラ（地名）
-ने ne …する…（現在分詞）→解説
बस bas バス（bus）
टिकट ṭikaṭ 切符，切手（ticket）
काट्ने kaṭne　＜ काट्नु ［他動］切る
　＞ टिकट काट्नु 切符を買う
छेउ c^{h}eu そば，かたわら，端，隅
दिन din 日，日中
बस्ने basne　＜ बस्नु ［自動］滞在する，住む，座る　→解説
जोमसोम jomsom ジョムソン（地名）
जानु छ janu c^{h}a　＞ -नु + छ …することになっている，…しなければならない　→解説
हप्ता hapta ［名］週
जति jati ［副］…ほど，…程度
विचार bicar 考え
काठमाडौं kaṭ^{h}maṛaũ カトマンズ（ネパールの首都）= काठमाण्डौ，काठमाण्डू
खबर k^{h}abar 知らせ，連絡　＞ खबर गर्नु 連絡する
खाने गरी k^{h}ane gari　＞ -ने गरी …するようにして　→解説
लौ lau ［間］おや，あらら
समय samaye 時，時期，（空いた）時間
भए b^{h}ae　＞ -ए …するなら，したなら，あるなら，あったなら　→ 20 課解説
गर्ने थिएँ garne t^{h}iẽ　＞ -ने थियो 活用 …したのに，するはずだった　→解説
यसपालि yespali 今回　＜ यस + पालि
सीधै sid^{h}ai ［副］真っ直ぐに，直接　＜ सीधा ［形］真っ直ぐな，正直な
भारत b^{h}arat インド
अर्को arko ［形］他の，もう１つの，次の
अवश्य abasya，awasya ［副］きっと，必ず
आउने छु aune c^{h}u　＞ -ने + छ 活用（必ず）…する（確実未来形）→解説

【訳】

A ：ポカラ行きのバスはどれですか？
B ：あちらの券売所の傍のバスです．
　　ポカラには何日間滞在しますか？
A ：そんなに滞在しません．そのかわりポカラからジョムソンに行くんです．
　　そして２週間ほどあちらに滞在する予定です．
B ：カトマンズに着いたらすぐに連絡下さいね．
　　ご飯を食べにうちに来てください．
A ：ああ，どうしましょう．時間があればそうしたんですが．
　　今回はそのままインドのほうに行かねばなりません．
　　次回はきっとお宅にお伺いします．

【解　説】

1．現在分詞 -ने

動詞の基本語幹＋ ने の形を現在分詞と呼びます．つまり辞書形の最後の नु nu を ने ne に代えることによってできます．人称や数による活用はありません．現在分詞の基本的用法は，その後ろに続く名詞を修飾し「…する…/…になる…」となります，つまり形容詞と同じような働きをします．語頭に न- na を付け足し न － ने の形にすると否定の意味「…しない…/…にならない…」となります．

なお尊称は，辞書形（-नु）＋ हुने となりますが，通常それほど厳密には使われません．

उठ्ने समय भयो। ut^hne samaye b^hayo　起きる時間になった．
सुत्ने कोठा sutne kot^ha　寝室

形容詞がその直後に来る名詞を省略し，形容詞そのものが名詞のような働きをするのと同じように，現在分詞もまた，直後に来るべき名詞が明らかな場合省略することができます．とくに -लाई lai や，-को ko，-हरू haru など後置詞や接尾辞が直接付いた場合，大抵の場合「…する人/…になる人」を表すことになります．

जापानी भाषा बुझ्नेहरू यता आउनुहोस्। japani b^hasa $buj^hneharu$ yeta aunos
日本語が分かる人はこちらに来てください．
काम नगर्नेलाई खाना दिनु पर्दैन। kam nagarnelai k^hana dinu pardaina
仕事をしない者に食事を与える必要はない．

2．現在の簡易表現

現在分詞は単独で動詞の現在形と同じように主動詞としての働きもします．とくに口語でよく使われ，活用を気にすることなく使えるため大変便利な表現です．तपाईं tapaĩ や उहाँ wahã に対しても尊称の -नुहुने nuhune を使う必要はとくにありません．しかし丁寧な表現ではないので，目上の人に使うことはあまりお薦めできません．親しい間柄でも使いすぎると嫌みになりますので注意が必要です．

भोलि कहाँ जाने ? b^holi kahã jane　明日どこへ行くの？
योकोहामा जाने। yokohama jane　ヨコハマに行くの．

3．-ने गरी

-ने गरी ne gari は「…するようにして（…なるように）」という意味になります．

आज खाना खाने गरी मेरो घरमा आउनुहोस् । aja k^{h}ana k^{h}ane gari mero g^{h}arma aunos

今日はご飯を食べるつもりで私の家に来てください.

この表現は **खाना खान आउनुहोस्** । k^{h}ana k^{h}ana aunos「ご飯を食べに来てください」と違い，ご飯を食べるのが主な目的ではないが，「丁度食事の時間にかかるように来てください」というニュアンスになります.

4．確実未来形 -ने ＋ छ 活用

通常未来のことは現在形で表しますが，未来のことを確信して言い表すのが確実未来形です．これは現在分詞（-ने）＋ **छ** c^{h}a 活用の形で表されます．否定形は **छ** 活用の部分を否定の形にします．尊称は肯定形が，辞書形（-नु）＋ **हुनेछ** hunec^{h}a, 否定形が辞書形（-नु）＋ **हुनेछैन** hunec^{h}aina となります.

なお -ने と **छ** 活用はつなげて書くのが一般的ですが，-ने と **छ** 活用の間にスペースを空けて書く場合もあります.

अब म यस्तो काम कहिल्यै गर्नेछैनँ aba ma yesto kam kahilyei garnec^{h}ainã

今後私はこのようなことは決して致しません.

ढकालजी फेरि जापानमा आउनुहुनेछ । ḍ^{h}akalji p^{h}eri japanma aunuhunec^{h}a

ダカールさんはまた日本に必ず来ます.

5．-ने ＋ थियो 活用「...したのに」

一方 -ने थियो ne t^{h}iyo 活用は，条件節「...ならば，...だったら」に続いて，「...したのに」「...するはずだった」という意味を表します．この用法は，20 課の習慣過去形とほぼ同じ働きとなります.

यो घर मिठाई भए सबै खाने थिएँ । yo g^{h}ar miṭ^{h}ai b^{h}ae sabai k^{h}ane t^{h}iẽ

この家がお菓子なら全部食べたのに.

सीता आउने भए राम पनि आउने थियो । sita aune b^{h}ae ram pani aune t^{h}iyo

シタが来るならラムも来るはずだった.

6．-नु छ「...することになっている」

...（人）लाई -नु छ c^{h}a で「...は...することになっている」「...は...するのだ」「...は...しなければならない」というような意味となり，予定，意志や義務感を表します．ただし -नु पर्छ parc^{h}a「しなければならない」ほど強いニュアンスではありません．**छ** は人称による活用はせず，つねに３人称単数となります．意味上の主語（人）には，-लाई を付けても付けなくてもよく，-ले が付くこともあります.

16 ネパール映画を見たことはありますか？

(सोह्र) नेपाली फिल्म हेर्नुभएको छ ?

(sora) nepali p^{h}ilm hernub^{h}aeko c^{h}a

71

1）**A**：तपाईं हिजो कहाँ गएको ?
tapaĩ hijo kahã gaeko

B：सिनेमा हेर्न गएको थिएँ। तपाईंले नेपाली फिल्म हेर्नुभएको छ ?
sinema herna gaeko t^{h}iẽ tapaĩle nepali p^{h}ilm hernub^{h}aeko c^{h}a

A：अहँ, अहिलेसम्म एक पटक पनि हेरेको छैनँ।
ahã ailesamma ek paṭak pani hereko c^{h}ainã

तपाईंले हेरेको फिल्म राम्रो थियो ?
tapaĩle hereko p^{h}ilm ramro t^{h}iyo

B：एकदम ! नयाँ नयाँ फिल्म पनि आएकोले सँगै हेर्न जाऔं।
ekdam nayã nayã p^{h}ilm pani aekole sãgai herna jaaũ

2）**A**：तपाईंलाई अहिले धेरै भोक लागेको छ होला ?
tapaĩlai aile d^{h}erai b^{h}ok lageko c^{h}a hola

B：अहँ, त्यति भोक लागेको छैन। बरु मलाई प्यास
ahã tyeti b^{h}ok lageko c^{h}aina baru malai pyas

लागिरहेको छ।
lagiraheko c^{h}a

A：ल, यो पानी पिउनुहोस्।
la yo pani piunos

B：पानी पिउन दिनुभएकोमा धन्यवाद !
pani piuna dinub^{h}aekoma d^{h}anyebad

【単　語】

72

सोह्र sora १६，16，16 の
गएको gaeko 行った　＜ जानु + -एको
（過去分詞）→解説
सिनेमा sinema 映画（cinema）= पिक्चर
गएको थिएँ gaeko tʰiẽ　＞ -एको + थियो
活用（過去完了）→解説
फिल्म pʰilm 映画（film）= फिलिम
हेर्नुभएको छ hernubʰaeko cʰa　＞ -एको + छ
活用（現在完了）→解説
नयाँ nayā̃［形］新しい　⇔ पुरानो
＞ नयाँ नयाँ 最新の
आएकोले aekole 来たので　＞ -एकोले,
-एकाले …したので，…なので
जाऔं jaaũ いきましょう　＞ -औं …しましょう（1人称複数命令願望）
प्यास pyas 喉の渇き = तिर्खा
लागिरहेको छ lagiraheko cʰa　＞ -इरहेको + छ 活用 …し（続け）ている（継続）
＜रहनु［自動］存在する，あり（居）続ける　→ 19 課解説
ल la［間］さあ，ほら，あら
पिउनु piunu［他動］飲む
दिनुभएकोमा dinubʰaekoma　＞ -एको + मा …したことについて（→ 103 頁コラム参照）

【訳】

1）A：あなたは昨日どこに行ったの？
B：映画を見に行っていました．あなたはネパール映画を見たことはありますか？
A：いいえ．今まで一度も見たことはありません．
あなたが見た映画は良かったですか？
B：とっても！　新しい映画も来ているので，一緒に見に行きましょう．

2）A：あなたは今とってもお腹が空いているでしょう？
B：いいえ，それほどお腹は空いていません．それよりも私は喉が渇いています．
A：どうぞ，この水を飲んでください．
B：水を飲ませてくれてありがとう．

【解　説】

1．過去分詞 -एको

現在分詞 -ने に対し，過去分詞は，（副）語幹＋ -एको (eko) の形となり，後ろに続く名詞を修飾し「...した.../...になった...」「...している.../...になっている...」になります．-एको の前の部分には動詞の過去形の時と同じ語幹（副語幹を持つ動詞の場合には副語幹）がきます．को の部分は，その後ろに来る名詞の数・性などによって，का あるいは की と変化する場合もあります．なお他動詞の場合その動作主に -ले を付けます．

否定「...しなかった.../...にならなかった...」「...していない.../...になっていない...」にするには，語頭に न- na を付け足し न － एको の形にします．

尊称は，辞書形 (-नु) ＋ भएको b^{h}aeko の形となります．

गएको महिनामा पाएको पैसाले मैले कम्प्यूटर किनें । gaeko mainama paeko paisale maile kampyuṭar kinẽ　先月得たお金で私はコンピュータを買った．（गएको　महिना 行った月＝先月）

मैले नखाएको केरा श्यामले खायो । maile nak^{h}aeko kera syamle k^{h}ayo

私が食べなかったバナナをシャムが食べた．

形容詞と同様の働きがあるので，後ろに来るべき名詞が明白な場合省略が可能となり，そのまま名詞のように扱われます．

हिजो यहाँ आएको को हो ? hijo yahã aeko ko ho　昨日ここに来たの＜人＞は誰ですか？

यो घडी जापानमा बनेको हो । yo g^{h}aṛi japanma baneko ho

この時計は日本製（日本でできた＜時計＞）です．

2．過去/今の状態の簡易表現

現在分詞と同様に，過去分詞も単独で主動詞の働きをします．この場合その発話状況によって「...した」「...している」の意味となります．活用を気にすることなく使えるため大変便利な表現です．तपाईं tapaĩ や उहाँ wahã に対しても必ずしも尊称の -नुभएको nub^{h}aeko を使う必要はありません．しかし丁寧な表現でないのは現在分詞の時と同じですので注意してください．

हिजो के गरेको ? hijo ke gareko　昨日何したの？

अहिले के गरेको ? aile ke gareko　今何してるの？

3．現在完了形

現在完了形は，肯定は「過去分詞（-एको）＋ छ 活用」，否定は छ 活用の否定形を使います（過去分詞の否定形ではありません）．この形は，(1) 経験「...したことがある」(2) 完了「...した」(3) 継続（現在の状況）「...している」の意味を表します．他動詞の場合は主語（動作主）に -ले を付けます．また動作主が複数の場合には過去分詞 -एका，女性単数の場合には -एकी となります．

尊称の作り方は，肯定が「辞書形（-नु）＋ भएको छ bʰaeko cʰa」，否定が「辞書形（-नु）＋ भएको छैन bʰaeko cʰaina」となります．尊称は動作主が複数であろうと女性であろうとつねにこの形をとり，-नुभएका nubʰaeka や -नुभएकी nubʰaeki あるいは छन् cʰan や छौ cʰau などと変化することはありません．

तपाईंले जापानी खाना खानुभएको छ ? tapaı̃le japani kʰana kʰanubʰaeko cʰa

あなたは日本料理を食べたことがありますか？（経験）

रामले अझै काम गरेको छैन । ramle ajʰai kam gareko cʰaina

ラムはまだ仕事をしていません．（完了）

हामीहरू अहिले नेपालमा आएका छौं । hamiharu aile nepalma aeka cʰaũ

私たちは今ネパールに来ています．（継続）

4．過去完了形

現在完了形の छ 活用の部分が थियो tʰiyo 活用になったのが，過去完了形です．「過去分詞（-एको）＋ थियो tʰiyo 活用」，否定は थियो tʰiyo 活用の否定形（थिएन tʰiena 活用）を使います（過去分詞の否定形ではありません）．過去完了は，過去の経験「...したことがあった」や，過去のある一定の期間のできごと「...していた」を表します．他動詞の場合には，動作主に -ले が付きます．

尊称の作り方は，肯定が「辞書形（-नु）＋ भएको थियो bʰaeko tʰiyo」，否定が「辞書形（-नु）＋ भएको थिएन bʰaeko tʰiena」となります．尊称は動作主が複数であろうと女性であろうとつねにこの形をとり，-नुभएका や -नुभएकी あるいは थिएँ や थियौं などと変化することはありません．

मैले पहिले नेपालमा एक चोटि पनि जागिर खाएको थिइनँ । maile pahile nepalma ek coṭi pani jagir kʰaeko tʰiinã 私は以前ネパールでは一度も職についたことはなかった．

श्याम हिजो दिनभरि घरमा बसेको थियो । syam hijo dinbʰari gʰarma baseko tʰiyo

シャムは昨日一日中家にいた．

練習問題　8

1．以下の動詞をそれぞれ現在分詞（-ne）と過去分詞（-eko）の形にしなさい．

1）बोल्नु　2）बजाउनु　3）छुनु　4）जानु　5）लिनु

6）रहनु　7）उठ्नु　8）हुनु　9）सिकाउनु　10）खोज्नु

2．例文のように，現在分詞または過去分詞を使い，1文にしなさい．

例）यो ट्याम्पो हो । यो पाटन जान्छ ।　⇒　यो पाटन जाने ट्याम्पो हो ।

1）यो पानी हो । यो खान हुन्छ ।　⇒

2）मलाई लुगा दिनुहोस् । त्यो जाडोमा लाउँछु ।　⇒

3）त्यो मान्छे हो । ऊ हिजो आएन ।　⇒

4）त्यो रेडियो हो । मैले त्यो किनें ।　⇒

3．下線の動詞を現在分詞か過去分詞に，正しく変えなさい．　73

1）मेरो पैसा चोर्नु मान्छेलाई प्रहरीले समात्यो ।

2）हाम्रो घरमा बस्नु गरी आउनुहोस् ।

3）भोलि केमा पाटन जानु ?

4）हिजो तपाईं कहाँ सुत्नु ?

5）किन रुनु ? नरुनुहोस् ।

4．次のうち，簡易表現を通常の文に，通常の文を簡易表現に変えなさい．

1）अहिले के खाएको ? म:म: खाएको ।

2）तपाईं अब के किन्ने ? केही नकिन्ने ।

3）राम हिजो कहाँ गयो ? भक्तपुर गयो ।

4）तपाईंले सीतालाई के दिनुभयो ? चुरा दिएँ ।

5）कति वर्ष नेपाली भाषा सिक्नुभयो ? तीन वर्ष सिकें ।

5．次のネパール語を読み，日本語に訳しなさい．　74

1）के भनेको ? मैले बुझिनँ ।

2）अर्को मान्छे नआएकोले म त्यहाँ बसिरहें ।

3）काम नगरेकाहरूलाई पैसा दिनु पर्दैन ।

4）गएको हप्ता रामबाट चिट्ठी आएको थियो ।

5）पैसा छैन । अब के खाने ?

6）चोरलाई समातेकोमा प्रहरीले मलाई धन्यवाद दिएको थियो ।

7）दुःख नमान्नुहोस् । हामी तपाईंलाई सहयोग गर्नेछौं ।

6．次の文章をネパール語に訳し，発音しなさい． 75

1）あなたはお腹が空いていますか？

2）ラムとシャムの２人とも，昨日既に来ていました．

3）もう行く時間になりました．

4）次の土曜日に鎌倉に行きましょう．

5）あなたの好きなものを買ってあげます．

6）私は仕事が大変いそがしいので，明日は来られないでしょう．

7）天気予報によると，明日はきっと雨がふります．

ट्याम्पो オート三輪　जाडो 寒い（時）　रेडियो ラジオ　चोर्नु 盗む
प्रहरी 警察　चुरा 腕輪　दुवैजना ２人とも　शनिबार 土曜日
व्यस्त 忙しい　मौसम विवरण 天気予報

ヒマラヤのしずく

◆過去分詞と後置詞

過去分詞 -एकोの後ろに後置詞を続けることにより，独特のニュアンスを付け加えることができます．-लेが来ると理由を表しますが，-मा が付いて -एकोमा の形になると，「…したことについて」あるいは「…した中で」という意味になります．

बिहे गर्नुभएकोमा बधाई छ ! bihe garnub^haekoma bad^hai c^ha　ご結婚おめでとう！

आइदिनुभएकोमा धन्यवाद । aidinub^haekoma d^hanyebad

お越し頂きありがとうございます！

हिजो ३ जना आएकोमा १ जना मात्र केटी थियो । hijo tin jana aekoma ek jana matra keṭi t^hiyo　昨日３人来た内，女の子は１人だけだった．

17 (सत्र) काम गरेर पैसा कमाउँछु।

仕事をしてお金を稼ぎます

(satra) kam garera paisa kmaũc^hu

1. म काम गरेर पैसा कमाउँछु।
   ma kam garera paisa kamaũc^hu

2. मेरो नजीक आएर बस्नुहोस्।
   mero najik aera basnos

3. अहिले नगरी नहुने काम छ।
   aile nagari nahune kam c^ha

4. गीत सुन्दै किताब नपढ।
   git sundai kitab napaṭ^ha

5. केटी पायो भन्दैमा बुबालाई नसोधी विवाह गर्नु हुन्छ ?
   keṭi payo b^handaima bubalai nasod^hi biya: garnu hunc^ha

6. राम्रोसँग पढेपछि जाँच दिनु पर्छ।
   ramrosãga paṭ^hepac^hi jãc dinu parc^ha

7. पेट जँचाउनको लागि भोलि केही नखाईकन आउनुहोस्।
   peṭ jãcaunako lagi b^holi kehi nak^haikana aunuhos

8. भोलि पानी पर्‍यो भने टेनिस नखेलेर घरमा टि.भि. हेरौं।
   b^holi pani paryo b^hane ṭenis nak^helera g^harma ṭib^hi heraũ

9. यस्तै तरिकाले पढ्दै जानुभयो भने अवश्य पनि डाक्टर बन्न सक्नुहुन्छ।
   yestai tarikale paṭ^hdai janub^hayo b^hane abasya pani ḍakṭar banna saknuhunc^ha

10. "बत्ती आउँदै आएन" भनेर रुद्रले भन्यो।
    batti aũdai aena b^hanera rudrale b^hanyo

【単　語】

77

सत्र satra १७，17，17 の
पैसा paisa お金
गरेर，आएर garera，aera　> -एर ...して（接続分詞）→解説
कमाउँछु kamaũc^{h}u　< कमाउनु［他動］稼ぐ
नजीक najik［副］近くに（で，へ）⇔टाढा
नगरी नहुने nagari nahune　> न–ई नहुनु ...しなければならない　→解説
सुन्दै sundai 聞きながら　< सुन्नु［他動］聞く　→解説
नपढ napaṭ^{h}a 読むな　< पढ्नु［他動］読む，勉強する
पायो payo　> पाउनु［他動］得る
भन्दैमा b^{h}andaima　> -दै + मा ...だからといって　→解説
नसोधी nasod^{h}i 聞かないで　< सोध्नु［他動］尋ねる　न–ई ...しないで，...せずに　→解説
विवाह bibaha，biya: 結婚
गर्नु हुन्छ garnu hunc^{h}a　> -नु हुन्छ ...してよい，...するのはよい
पेट peṭ 腹，胃，胎
पढेपछि paṭ^{h}epac^{h}i　> -एपछि ...してから　→解説
जँचाउनको लागि jãcaunako lagi　< जँचाउनु［他動］診察してもらう，試験させる　< जाँच्नु 試験する　< -नको लागि ...するために
नखाईकन nak^{h}aikana　> न–ईकन ...しないで，...せずに　→解説
नखेलेर nak^{h}elera　> न–एर　...しないで　→解説
टि.भि. ṭi b^{h}i テレビ（T.V.）
तरिका tarika 方法，手法
पढ्दै जानुभयो paṭ^{h}dai janub^{h}ayo　> -दै जानु ...していく　→解説
बन्न banna　< बन्नु［自動］なる，できる
बत्ती batti 明かり，電灯
आउँदै आएन aũdai aena　> -दै...（否定形）全く...しない　→解説
रुद्र rudra ルドラ（男子名）

【訳】

1．私は仕事をしてお金を稼ぎます．
2．私の近くに来て座ってください．
3．今しなければならない用事があります．
4．歌を聞きながら本を読むな．
5．女の子を見つけたからと言って父親に相談しないで結婚していいのか？
6．ちゃんと勉強してから試験を受けなければなりません．
7．お腹を診てもらうために，明日は何も食べないで来てください．
8．明日雨が降ったらテニスをしないで家でテレビを見ましょう．
9．このように勉強していけばきっと医者になれます．
10．「電気が全然来ない」と，ルドラが言った．

【解　説】

1．...して...する

「...して...する」を表すには，接続分詞「(副) 語幹＋ -एर (era) ...」がよく使われます．-एर は -ई (ī)，-ईकन (īkana) で置き換え可能ですが，-एर に比べて文語的になります．

尊称は「辞書形 (-नु) ＋ भएर b^{h}aera」あるいは，भएर の部分がそれぞれ भई b^{h}ai, भईकन b^{h}aikana になります．

म बिहान उठी हात धोएर खाना खान्छु । ma bihana uṭ^{h}i hat d^{h}oera k^{h}ana k^{h}anc^{h}u
　私は朝起きて，手を洗ってご飯を食べる．

これは必ずしも時間の経過を表すだけではなく，日本語の「...して」と同じように，ある事柄が共起している状態を表すのにも使います．また हुनुの接続分詞 भएर b^{h}aera は，「...を経由して/通って」の意味になることもあります．

रामले दुःख गरेर पढ्यो । ramle dukk^{h}a garera paṭ^{h}yo　ラムは苦労をして勉強した．
म शाङ्घाइ भएर नेपाल जान्छु । ma sang^{h}ai b^{h}aera nepal janc^{h}u
　私は上海を経由してネパールに行く．

2．...しながら...する

これは動作の共起を表します．बल घुमेर आयो । bal g^{h}umera ayo は，「ボールが回ってから，その後で来た」のではなく，「ボールが回ってきた」つまり，「回転しながら，回りながら来た」ということになります．

「...しながら」の意味をはっきりさせるには，進行分詞 -दै dai を使います．作り方は「語幹＋ दै」ですが，語幹の最後が母音の場合，その母音が鼻音化します．尊称は「辞書形 (-नु) ＋ हुँदै hūdai」になります．

गीत गाएर नाच्नुहोस् । git gaera nacnos　歌を歌って踊ってください．
गीत गाउँदै नाच्नुहोस् । git gaũdai nacnos　歌を歌いながら踊ってください．

3．...してから...する

-एर (era) も「...してから (した後で)」を表しますが，「...した後で」という時間の経過をより明確にするには，「(副) 語幹＋ -एपछि (epachi)」を使います．

रिता सिनेमा हेरेर आयो । rita sinema herera ayo　リタは映画を見て来た．
रिता सिनेमा हेरेपछि आयो । rita sinema herepac^{h}i ayo　リタは映画を見てから来た．

またこの -पछि の表現では，条件を表すこともあります．

...भनेपछि, तपाईं पहिलो पटक यहाँ आउनुभएको हो ? bʰanepacʰi tapaī̃ pailo paṭak yahā̃ aunubʰaeko ho ということは，あなたは初めてここに来たのですか？

4．...しないで...する/...せずに...する

「...しないで...」を表すのには，接続分詞 -ईकन (īkana) の否定形 न-ईकन (na-īkana) をよく使います．-एर (era) の否定形も使えますが，ニュアンスが異ってきます．

पुस्तकालय नगईकन क्याम्पस गएँ । pustakalaya nagaikana kyampas gaẽ
図書館に行かないでキャンパスに行った．

पुस्तकालय नगएर क्याम्पस गएँ । pustakalaya nagaera kyampas gaẽ
図書館に行かないでキャンパスに行った．

上の文は「図書館に行かずに，直接」キャンパスに行ったという意味で，下の文はどちらかというと「図書館に行く代わりに」という二者択一のニュアンスになります．

5．進行分詞 -दै の熟語

進行分詞 -दै を使った熟語のうちおもなものを紹介します．

• -दै dai ＋同じ動詞の否定形　「全く...ない」

मेरो छोरो मासु खाँदै खाँदैन । mero cʰoro masu kʰā̃dai kʰā̃daina
私の息子は肉を全然食べようとしない．

राम वकील हुँदै होइन । ram okil hū̃dai hoina　ラムは弁護士では決してない．

• -दैमा daima ＋ ...（否定文）　「...だからといって...ない」

अलिअलि रक्सी पिउँदैमा म मात्ने छैनँ । aliali raksi piū̃daima ma matne cʰainā̃
ちょっとお酒を飲んだくらいで私は酔ったりしませんよ．

• -दै गर्नु dai garnu「...しておく」「...しつづける」

आउँदै गर्नुहोस् है । aū̃dai garnos hai　（別れ際に）ちょくちょく来てくださいね．

• -दै जानु dai janu「...して行く/...なって行く」

मैले रोपेको बिरुवा ठूलो हुँदै गयो । maile ropeko biruwa ṭʰulo hū̃dai gayo
私が植えた苗は大きくなっていった．

18 (अठार) अफिस आउन १ घण्टा लाग्यो।

会社に来るのに１時間かかった

(aṭʰara) apʰis auna ek gʰanṭa lagyo

1) **A** : साहूजी, सुन्तला किलोको कति हो ?
sauji suntala kiloko kati ho

B : यताको ६० रुपियाँ अनि उताको ५० रुपियाँ पर्छ।
yetako saṭʰi rupiyã ani utako pacas rupiyã parcʰa

A : कति महँगो ! आँपको कसरी ?
kati mahãgo ãpko kasari

B : किलोको ७० रुपियाँ हो। कति किलो चाहियो ?
kiloko sattari rupiyã ho kati kilo caiyo

A : ५० रुपियाँ जाने सुन्तला र आँप १-१ किलो दिनुहोस्।
pacas rupiyã jane suntala ra ãp ek ek kilo dinos

जम्मा कति भयो ?
jamma kati bʰayo

2) **A** : घरबाट अफिस आउन कति घण्टा लाग्छ ?
gʰarbaṭa afis auna kati gʰanṭa lagcʰa

B : मलाई सधैं १ घण्टा लाग्छ। तर आज त डेढ घण्टा लाग्यो।
malai sadʰaĩ ek gʰanṭa lagcʰa tara aja ta ḍeṛʰ gʰanṭa lagyo

【単　語】

अठार aṭʰara १८，18，18の

साहूजी sahuji ご主人（店主への呼びかけ）＜ साहू ＋ जी

सुन्तला suntala みかん

किलो kilo キロ（kilo）

-को कति ko kati …いくら（値段）→解説

६० (साठी) saṭʰi ［数］60，60の

रुपियाँ rupiyã ルピー（ネパールの貨幣単位）

५० (पचास) pacas ［数］50，50の

-को … पर्छ ko parcʰa …は…かかる（値段）→解説

कति kati ［疑］いくら，どれほど；［間］なんて…！　→解説

महँगो mahãgo ［形］（値段が）高い，高価な

आँप ãp マンゴー

कसरी kasari ［疑］どのように　＞ -को कसरी ？…（の値段は）いくら？　→解説

७० (सत्तरी) sattari ［数］70，70の

जाने jane　＞ -रुपियाँ जाने … …ルピーの…　→解説

१-१ किलो ek ek kilo 1キロずつ　→解説

जम्मा jamma ［副］全部で，合計；［形］集まった　＞ जम्मा गर्नु 集める　जम्मा हुनु 集まる

लाग्छ，लाग्यो lagcʰa，lagyo　＞ -न … लाग्नु …するのに…かかる（時間，料金等）→解説

सधैं sadʰaĩ ［副］いつも，つねに

डेढ deṛʰ 1.5　＞ अढाई 2.5

【訳】

1）A：ご主人，ミカン1キロいくらですか？

B：こちらのが60ルピーであちらのが50ルピーです．

A：なんて高いんでしょう！　マンゴーはいくらですか？

B：1キロ70ルピーです．何キロいりますか？

A：50ルピーのミカンとマンゴーを1キロずつください．合計いくらになりますか？

2）A：家から会社に来るのに何時間かかりますか？

B：私はいつも1時間かかります．でも今日は1時間半かかりました．

【解　説】

1．疑問詞 कति

疑問詞の कति kati は，モノの数，量などを尋ねる「どのくらい（の）…？」を表します．この疑問詞は形容詞的にも副詞的にも用いられます．

モノを数える場合，助数詞を用いることも多く，おもにモノの場合 वटा oṭa「個」，人間の場合 जना jana「人」を用います．

तपाईंले कति वर्ष नेपाली भाषा सिक्नुभएको छ？ tapaĩle kati barsa nepali bʰasa siknubʰaeko cʰa
あなたは何年ネパール語を学びましたか？
टेबलमा कति वटा स्याउ छ？ ṭebalma kati oṭa syau cʰa
机の上にいくつりんごがありますか？
भात कति धेरै छ？ bʰat kati dʰerai cʰa　ご飯はどのくらい（たくさん）ありますか？

また कति は感嘆詞としての働きもします．कति の他，कस्तो kasto「どのような」や क्या kya（के の変化したものと考えられる）なども感嘆詞となります．

अहा, कस्तो राम्रो！ aha, kasto ramro　おお，なんて素晴らしいんだ！
कस्तो नराम्रो घटना घट्यो！ kasto naramro gʰaṭana gʰaṭyo
なんと良くない事件が起こったんだ！
क्या फसाद！ kya pʰasad　ああ，困った！

2．…かかる（値段，料金，時間）

モノの値段や料金，時間などが，「かかる」を表すのに लाग्नु lagnu を使います．

नेपाल जाने टिकट किन्न धेरै पैसा लाग्छ। nepal jane ṭikaṭ kinna dʰerai paisa lagcʰa
ネパール行きのチケットを買うのにいっぱいお金がかかる．
यो काम सिद्ध्याउन ३ दिन लाग्यो। yo kam siddʰyauna tin din lagyo
この仕事を終えるのに３日かかった．

3．モノの値段の表現

モノの値段を表現する時，日本語の感覚とは異なり，そのモノの後ろに -को「…の」を付けます．-को の後ろに मूल्य mulya あるいは मोल mol「値段」が省略されていると考えればよいでしょう．

上記２．のように，いくらかかる，という場合には लाग्नु lagnu が使われますが，決まったモノの値段をいう場合はおもに पर्नु parnu あるいは हो ho を使います．また全部でいくらになる（なった），という場合には हुन्छ huncʰa（भयो bʰayo）が使われます.

यसको कति (रुपियाँ) पर्छ ? yesko kati (rupiyã) parc^ha　これはいくらですか？
यसको ३०० रुपियाँ हो । yesko tin saye rupiyã ho　これは 300 ルピーです.
भक्तपुरबाट यहाँसम्म ट्याक्सीको भाडा ४५० भयो । b^haktapurbaṭa yahãsamma ṭyaksiko b^haṛa car saye pacas b^hayo　バクタプルからここまでタクシー料金は 450 になった.

また，単位あたりいくらのという表現に動詞 जानु janu の現在分詞 जाने jane が使われることがあります．なお，डेढ deṛ^h は 1.5 を，अढाई aṛ^hai は 2.5 を表します.

१ किलो ६० रुपियाँ जाने काउली अढाई किलो किनेर आऊ । ek kilo saṭ^hi rupiyã jane kauli aṛ^hai kilo kinera au　1キロ 60 ルピーのカリフラワーを 2.5 キロ買ってきなさい.

値段を聞く場合，口語では कसरी kasari「どのように」を使うことがあります．これは単位重量あたりいくらか，ということを聞く聞き方の場合で，一つ一つのモノの値段を聞く場合には使えません.

आलु किलोको कसरी ? alu kiloko kasari　じゃがいも 1 キロいくら？

4．...ずつ

1つずつ，あるいは，5人ずつなどのように，それぞれに同じ数（量）のモノなどを数える場合には，その数を繰り返します.

सबै जनालाई ३-३ वटा कलम दिन्छु । sabai janalai tin tin oṭa kalam dinc^hu
全員に3つずつペンをあげます.

また同じ表現方法で，「こんなに多くの」というニュアンスも表します.

मैले ४-४ वर्ष नेपाली भाषा सिकेको छु तैपनि त्यति राम्ररी आउँदैन । maile car car barsa nepali b^hasa sikeko c^hu taipani tyeti ramrari aũdaina　私は4年もネパール語を学びましたが，あまりよくできません.

1．次の各句をネパール語で言い，書きなさい（動詞は辞書形を用いること）．

	A	B
1）	お茶を飲む	映画を見る
2）	パンを食べる	事務所に行く
3）	顔を洗う	手紙を書く
4）	あちこち歩き回る	買い物をする
5）	外を見る	窓を閉める
6）	ラジオを聞く	仕事をする

2．1．の各句を用い，「AしてBしましょう」（例：お茶を飲んで映画を見ましょう）の文を作りなさい．

3．1．の各句を用い，「私はAしないでBした」（例：私はお茶を飲まないで映画を見た）の文を作りなさい．

4．1．の各句を用い，「AしてからBしてください」（例：お茶を飲んでから映画を見てください）の文を作りなさい．

5．1．の各句を用い，「AしながらBしないでください」（例：お茶を飲みながら映画を見ないでください）の文を作りなさい．

6．次のネパール語を読み，日本語に訳しなさい． 80

1）आजकल दिन लामो भएर आएको छ। साथै रात छोटो हुँदै गएको छ।
2）तपाईंहरू बस्दै गर्नुहोस्। म एक छिन बाहिर गएर आउँछु।
3）नाम्चेसम्म पुग्नलाई एक हप्ता लाग्यो।
4）चूप लागेर बस!
5）जाँचको लागि पढ्दै गरेको मान्छेलाई सोधिहेर्नुहोस्।
6）यो सबै खाली भएपछि नयाँ बोतल किन्नुहोस्।
7）मैले भन्दै नभनेको कुरा सीतालाई कसरी थाहा भयो ?
8）होमवर्क गरिसकेपछि टि.भि. हेर्न पाइन्छ, नगरीकन हेर्नु हुँदैन।

7．次の文章をネパール語に訳し，発音しなさい． 81

1）この仕事を終えるのに，何日かかりますか？

2）私は事務所に行って，着替えてから仕事を始めます．

3）私がここに来てから，ラムは全く来ません．

4）シャムたちはバンコクを経由して日本に来ました．

5）我々に寄付してくれたからといって，彼が良い人とは言えない．

6）私たちとピクニックに行くのは，全部で何人いらっしゃいますか？

7）サモサ１皿いくらですか？

8）お金は払わなくていいです．

9）なんて良い人だ！

रोटी パン　झ्याल 窓　यताउता あちこち　बाहिर 外
आजकल この頃　लामो 長い　रात 夜　चूप लाग्नु 黙る
सोध्नु 尋ねる　साथै …と共に　खाली 空の　बोतल ボトル
लुगा फेर्नु 着替える　बैंकक バンコク　चन्दा 寄付金　पिकनिक ピクニック
समोसा サモサ　प्लेट 皿　तिर्नु 支払う

ヒマラヤのしずく

◆ネパールとネパール語

ネパールは多民族国家，多言語国家で，様々な言語を話す様々な民族がいます．その中でネパール語がネパールの国語であり，民族間の共通語であることは，前に述べたとおりです．

実際には同じネパール人であっても，民族方言とでも呼ぶべき様々なネパール語が話されています．つまり，その民族特有の発音や，イントネーション，また文法などに影響を受けたネパール語が日常的に話されているのです．

まして私たちは外国人なのですから，あまり細かいことには気にしないで，どんどん積極的に話すことが大事です．もちろん本書でしっかりと勉強した上での話ですよ．

19 (उन्नाईस) नेपाली भाषा पढ्दैछु।

ネパール語を勉強しています

(unnais) nepali b^{h}asa paʈ^{h}daic^{h}u

82

A : तपाईं अहिले के गर्दैहुनुहुन्छ ?
tapaĩ aile ke gardaihunuhunc^{h}a

B : म नेपाली भाषा पढ्दैछु ।
ma nepali b^{h}asa paʈ^{h}daic^{h}u

A : ए, बिहान मैले हेर्दा पनि पढ्दैहुनुहुन्थ्यो नि ?
e: bihana maile herda pani paʈ^{h}daihunuhunt^{h}yo ni

B : हजुर, बिहान पनि पढ्दैथिएँ र अहिलेसम्म पढिरहेको छु ।
hajur bihana pani paʈ^{h}dait^{h}iẽ ra ailesamma paʈ^{h}iraheko c^{h}u

A : किन ? के छ ?
kina ke c^{h}a

B : भोलि क्लासमा नेपाली भाषाको जाँच हुँदैछ । त्यसैको
b^{h}oli klasma nepali b^{h}asako jãc hũdaic^{h}a tyesaiko

लागि तयारी गर्दैछु ।
lagi tayari gardaic^{h}u

A : तपाईंले राम्रोसँग पढ्नुभएको थिएन कि ?
tapaĩle ramrosãga paʈ^{h}nub^{h}aeko t^{h}iena ki

B : होइन, फेल भयो भने फेरि अर्को जाँच दिनु पर्ने हुँदा
hoina p^{h}el b^{h}ayo b^{h}ane p^{h}eri arko jãc dinu parne hũda

मलाई निकै नै डर लागिरहेको छ ।
malai nikai nai ɖar lagiraheko c^{h}a

【単　語】

83

उन्नाईस unnais १९，19，19の

गर्दैहुनुहुन्छ gardaihunuhunc^{h}a しているところ（進行）＞ **-दै** + **छ** 活用　→解説

पढिरहेको छु paṭ^{h}iraheko c^{h}u 勉強し続けている（継続）＞ **-इरहेको** + **छ** 活用　…し（続け）ている　→解説

हेर्दा herda 見た（見る）時　＞ **-दा**（進行分詞）…する時/した時　→解説

क्लास klas 教室，クラス（class）

जाँच jãc 試験，検査　＞ **जाँच दिनु** 試験を受ける　**जाँच लिनु** 試験をする

तयारी tayari ［名］準備，用意　＞ **तयारी गर्नु** 準備する　**तयारी हुनु** 準備できる

फेल p^{h}el 失敗，落第（fail）

फेरि p^{h}eri ［副］再び，もう一度，また，さらに

पर्ने हुँदा parne hũda　＞ **-ने हुँदा** …するので　→解説

निकै nikai ［副］とても，かなり　＜ **निको** + **नै**

डर ḍar 怖れ，恐怖

【訳】

A：あなたは今何をしていますか？

B：私はネパール語を勉強しています．

A：えー，朝私が見た時も勉強していたじゃないですか？

B：はい，朝も勉強していましたし，今までずっと勉強しています．

A：なぜ？　何があるんですか？

B：明日教室でネパール語のテストがあるんです．そのための準備をしています．

A：ちゃんと勉強していなかったのですか？

B：そうではありませんが，落ちたらまたもう1回試験を受けなければならないので，とても怖いんです．

【解　説】

1．現在進行形・過去進行形

「...している（ところだ)」や「...しつつある」という進行形（未完了ともいう）にするには，17 課で既出の進行分詞 -दै dai を使います．ネパール語の進行形は，現在進行形，過去進行形しかないとされています．現在進行形「...している」は進行分詞（-दै）＋ छ cʰa 活用，過去進行形「...していた（ところだった)」は進行分詞（-दै）＋ थियो tʰiyo 活用となります（つまり現在否定形の -न 活用の部分を छ 活用あるいは थियो 活用に置き換えます)．過去の動作であっても動作主に -ले は付けません．

尊称は現在進行形は進行分詞（-दै）＋ हुनुहुन्छ hunuhuncʰa となり，過去進行形は進行分詞（-दै）＋ हुनुहुन्थ्यो hunuhuntʰyo となります．

現在形が未来のことを表すのと同じように，現在進行形は近い未来に起こりつつあることも表します．

श्याम अहिले खाना खाँदैछ । syam aile kʰana kʰādaicʰa　シャムは今ご飯を食べています．

सीता आएको बेला तपाईं के गर्दैहुनुहुन्थ्यो ? sita aeko bela tapaĩ ke gardaihunuhuntʰyo

シタが来た時あなたは何をしていましたか？

म भोलि नेपाल जाँदैछु । ma bʰoli nepal jādaicʰu

私は明日ネパールに行きます（もうすぐ行くところ)．

また進行形は通常否定形をとりません．進行していることを否定するということは，もはや進行ではないからです．進行していない状態，すなわち「(現在において）...していない」は，現在完了形（または現在形）の否定で，また「(その時点で）...していなかった」は，過去完了形の否定で表すことができます．

रामले अहिले किताब पढेको छैन । ramle aile kitab paṛʰeko cʰaina

ラムは今本を読んでいない．

रामले त्यस बेला किताब पढेको थिएन । ramle tyes bela kitab paṛʰeko tʰiena

ラムはその時本を読んでいなかった．

2．継続を表す複合動詞 -इरहनु

この形は「...し続ける」「...し続けている」という継続の意味を表します．しかしこれは，進行形とか継続形と呼ぶべきものではなく，14 課に既出の（副）語幹＋ इ ＋動詞で表される複合動詞の 1 つです．動詞（主動詞）は रहनु（あり続ける）で，複合動詞となって「...し続ける」を表します．これは 1 つの複合動詞ですから，完了形他さまざまな時制で用いることができ，否定形もあります．

また複合動詞としては自動詞なので，前の部分が他動詞であっても過去形，完了形などで動作主に -ले は付きません．

त्यस्तै घटना घटिरहन्छ । tyestai gʰaṭana gʰaṭirahancʰa
　そのような事件はよく起こる（起こり続ける）．
राम अहिले किताब पढिरहेको छैन । ram aile kitab paṭʰiraheko cʰaina
　ラムは今本を読んではいない（読み続けてはいない）．
ढकालजी आज दिनभरि पुस्तकालयमा बसिरहनुभएको थियो । ḍʰakalji aja dinbʰari pustakalayama basirahanubʰaeko tʰiyo　ダカールさんは今日一日中図書館にずっといました．

3．進行分詞 -दा

-दा da も進行分詞の１つで，語幹と -दा のつなげ方も -दै dai と同様です（語幹の最後が母音の場合その母音が鼻音化します）．基本的な意味は「...する時/...した時」「...する際/...した際」です．否定形は語幹の前に否定を表す न- na を付け，न-दा とします．

बाहिर जाँदा घरमा साँचो लगाउनु पर्छ । baira jãda gʰarma sãco lagaunu parcʰa
　外に出かける時は家に鍵をかけなければならない．
रामले पठाएको सामान पुग्दा म घरमा थिइनँ । ramle paṭʰaeko saman pugda ma gʰarma tʰiinã
　ラムが送った荷物が到着した時，私は家にいなかった．

この場合，同じ意味として -दा + खेरि kʰeri という形も用いられます．

म सानो हुँदाखेरि एक चोटि नेपाल गएको छु । ma sano hũdakʰeri ek coṭi nepal gaeko cʰu
　私は小さい頃一度ネパールに行ったことがある．

現在分詞（-ने）हुँदा hũda，過去分詞（-एको）हुँदा hũda の形では，「...するので」「...したので」の意味になります．ただしやや文語的な表現です．

असारमा धेरै पानी पर्ने हुँदा छाता बोकेर जानुहोस् । asarma dʰerai pani parne hũda cʰata bokera janos　アサール月（6/7月）にはたくさん雨が降るので傘を持っていってください．
साउनमा धेरै पानी नपरेको हुँदा यसपालि धान राम्रो भएन । saunma dʰerai pani napareko hũda yespali dʰan ramro bʰaena　サウン月（7/8）月にたくさん雨が降らなかったので，今年は稲（の収穫）が良くなかった．

「名詞＋ -ले गर्दा garda」では，「...のせいで/...のために」の意味になります．

बाढीले गर्दा सत्यानाश भयो । baṭʰile garda satyanas bʰayo　洪水のせいで全滅した．

20 (बीस) पुस्तकालयमा जाने गर्थें।

図書館によく行ったものだ

(bis) pustakalayama jane garthẽ

84

A : म क्याम्पसको विद्यार्थी हुँदा हरेक दिन जस्तो पुस्तकालयमा जाने गर्थें।
ma kyampasko bidyarthi hũda harek din jasto pustakalayama jane garthẽ

B : किन त्यति विधि जानुहुन्थ्यो ?
kina tyeti bidhi januhunthyo

A : किनभने त्यतिखेर पुस्तकालयमा एउटी राम्री केटी पनि किताब पढ्न आउने गर्थी। ऊसँग भेट्ने रहरले जान्थें भन्दा पनि फरक पर्दैन।
kinabhane tyetikhera pustakalayama euṭi ramri keṭi pani kitab paṭhna aune garthi usãga bheṭne raharle janthẽ bhanda pani pharak pardaina

B : भनेपछि, त्यो केटी नआए पुस्तकालय धाउनुहुन्नथ्यो होला, होइन ?
bhanepachi tyo keṭi naae pustakalaya dhaunuhunnathyo hola hoina

A : हो, त्यो केटी नआएमा म पुस्तकालयमा जाँदिनथें। तर फुर्सत पाए अहिले पनि पुस्तकालय जाने गर्छु।
ho tyo keṭi naaema ma pustakalayama jãdinathẽ tara phursat pae aile pani pustakalaya jane garchu

B : ओहो, त्यस्ती केटीसँग फेरि भेट्न पाए हुन्थ्यो भनेर ?
oho tyesti keṭisãga pheri bheṭna pae hunthyo bhanera

【単　語】

85

बीस bis २०, 20, 20 の

क्याम्पस kyampas キャンパス，（大学の）分校，学部（campus）

हुँदा hũda　＞ -दा …する時

हरेक harek ［形］各…，毎…

पुस्तकालय pustakalaya 図書館　＜ पुस्तक ＋ आलय

जाने गर्थें, आउने गर्थी jane garthẽ, aune garthi ＞ -ने＋ गर्नु よく…する（習慣）→解説

गर्थें, जानुहुन्थ्यो, गर्थ्यो garthẽ, januhunthyo, garthyo（習慣過去）→解説

विधि bidhi やり方，規定，儀式　＞ त्यति विधि そんなにも

किनभने kinabhane ［接］なぜなら，なぜかと言うと

-खेर khera ［後］…の時，…の際

एउटी राम्री केटी euṭi ramri keṭi　＞ एउटा राम्रो केटो の女性形

भेट्ने bheṭne　＜ भेट्नु ［他動］会う，追いつく　＞ … -सँग/-लाई भेट्नु …に会う

रहर rahar　願望，望み

फरक पर्दैन pharak pardaina 間違いない　＞ फरक 違い　फरक छ 違う

भनेपछि bhanepachi ［接］ということは，だとすると　＜ भने ＋ पछि

धाउनु dhaunu ［自動］（くり返し）通う

नआए, नआएमा naae, naaema 来なければ →解説

फुर्सत phursat 暇

पाए pae 得たら　＞ -ए …したなら，…するなら（仮定）＞ पाए हुन्थ्यो（仮定/条件＋習慣過去形）…なら…だったのに　→解説

ओहो oho ［間］おお，おやまあ

त्यस्ती tyesti　＞ त्यस्तो ［形］そのようなの女性形

भनेर bhanera …と，…と言って，…と思って　＞ भन्नु ＋ एर

【訳】

A：私は大学生の頃毎日のように図書館に行ったものです．

B：どうしてそんなに行ってたのですか？

A：なぜなら当時図書館には１人の美しい少女も本を読みに来ていたからです．
彼女に会いたくて通っていたと言っても間違いではありません．

B：ということはあなたはその女の子が来なければ図書館に通っていなかったでしょうね．

A：はい，その女の子が来なければ私は図書館に行きませんでした．
でも暇ができると今でも図書館によく行きます．

B：おやまあ，同じような女の子とまた逢えればいいなと思って？

【解　説】

1．習慣過去形（थ्यो 活用）

語幹（+α）+ थ्यो t^{h}yo 活用の形で，おもに過去の習慣「よく…した」「いつも…した」を表すのがこの習慣過去形です．थ्योの前の語幹へのつなぎ方は現在形の時と同じになります．つまり語幹が -आउ (āu)，-इउ (iu) で終わる動詞は -आउँ (āũ)，-इउँ (iũ) に，それ以外の母音で終わる動詞は थ्यो との間に न् (n) が入ります．この थ्यो t^{h}yo は थियो t^{h}iyo の縮約形で，थ्यो 活用は थ् (th) に過去活用語尾を繋げて作ります．

否定形は現在形の３人称単数否定形 -दैन daina に थ्यो t^{h}yo 活用を続けます．ただし１人称単数の時は -दिनथें dinat^{h}ẽ となります．

尊称の作り方は，肯定形が辞書形（-नु）+ हुन्थ्यो hunt^{h}yo，否定形が辞書形（-नु）+ हुन्नथ्यो hunnat^{h}yo となります．なお８課１．で既出の「だった」「いた」を表す हुनु hunu の尊称の過去形としての हुनुहुन्थ्यो hunuhunt^{h}yo は，実際は हुनु hunu の尊称の習慣過去形です．

習慣過去形では通常他動詞でも動作主に -ले は付きません（→７課２.）．

राम सानो हुँदा धेरै रुन्थ्यो तर सीता त्यति रुँदैनथ्यो । ram sano hũda d^{h}erai runt^{h}yo tara sita tyeti rũdainat^{h}yo　ラムは幼い頃よく泣いたものだ，しかしシタはそんなに泣かなかった．

म पहिले त्यति धेरै चुरोट पिउँदिनथें । ma paile tyeti d^{h}erai curoṭ piũdinat^{h}ẽ
私は以前それほどたくさんタバコは吸わなかった．

ढकालजी पटक पटक मेरो घरमा आउनुहुन्थ्यो । ḍ^{h}kalji paṭak paṭak mero g^{h}arma aunuhunt^{h}yo
ダカールさんはしばしば私の家に来られていました．

2．つねに（よく）…する（-ने गर्नु）

現在分詞（-ने）ne गर्नु garnu で，習慣的な行為「つねに…する」「よく…する」を表します．

हरेक दिन म २ घण्टा नेपाली भाषा पढ्ने गर्छु । harek din ma dui g^{h}anṭa nepali b^{h}asa paṛ^{h}ne garc^{h}u
毎日私は２時間ネパール語の勉強をします．

過去の習慣を表す場合には，しばしばこの形を習慣過去形にして使います．

म विद्यार्थी हुँदा बारम्बार सिनेमा हेर्ने गर्थें । ma bidyart^{h}i hũda barambar sinema herne gart^{h}ẽ
私は学生時代よく映画を見たものです．

आमाले मलाई झूटो कुरा नगर्न सधैं भन्ने गर्नुहुन्थ्यो । amale mlai j^{h}uṭo kura nagarna sād^{h}ai b^{h}anne garnuhunt^{h}yo　母は私に嘘をつかないようにといつも言っていました．

3．第２過去分詞 -ए

動詞の（副）語幹＋ ए e の形，すなわち，過去分詞 -एको eko から को ko を取り除いた形を第２過去分詞と呼ぶことにします．第２過去分詞が表す基本的な意味は，仮定・条件「...すれば」です．人称・数・性などで変化はありません．尊称は，辞書形（-नु）＋ भए b^{h}ae となります．否定形「...しなければ」は語頭に न- を付けて作ります．

また，この第２過去分詞に後置詞 -मा ma を付けた形でも，ほぼ同様の意味「...すれば，...した場合には」になります．

तपाईं यहाँ बस्नुभए हुन्छ । tapaĩ yahã basnub^{h}ae hunc^{h}a　ここに座っていいですよ．
भोलि पानी परे पनि नपरे पनि टेनिस खेल्न जान्छु । b^{h}oli pani pare pani napare pani ṭenis k^{h}elna janc^{h}u　明日雨が降っても降らなくてもテニスをしに行きます．
शत्रुले हमला गरेमा मलाई खबर गर्नुहोस् । satrule hamala garema mlai k^{h}abar garnos
敵が攻撃したら私に連絡してください．

15 課で既出の -ने थियो t^{h}iyo 活用と同様に，条件節「...したなら，...だったら」に習慣過去形が続くと，「...したのに」「...したはずだ」という意味を表します．

च्याउ खानुभयो भने यसको स्वाद थाहा पाउनुहुन्थ्यो । cyau k^{h}anub^{h}ayo b^{h}ane yesko swad t^{h}a: paunuhunt^{h}yo　キノコを食べていたらその味を知っただろうに．
सीता आयो । राम पनि आए हुन्थ्यो । sita ayo ram pani ae hunt^{h}yo
シタが来た．ラムも来ればよかったのに．

過去分詞 -एको eko（-एका eka，-एकी eki）＋ भए b^{h}ae で，「...していたら」「...だったら」になります．

तपाईं आउनुभएको भए राम पनि आउँथ्यो होला । tapaĩ aunub^{h}aeko b^{h}ae ram pani aũt^{h}yo hola
あなたが来ていればラムも来たでしょうに．
राम्रोसँग नपढेको भए पास हुँदैनथ्यो । ramrosãga napaṛ^{h}eko b^{h}ae pas hũdainat^{h}yo
ちゃんと勉強していなければ合格していなかったはずだ．

練習問題　10

1．次の各句をネパール語で言い，書きなさい（動詞は辞書形を用いること）．
1）部屋でテレビを見る
2）上手に民謡を歌う
3）池で水浴びをする
4）図書館で（長編）小説を読む
5）シタと話をする
6）川で洗濯をする（衣服を洗う）
7）１人で車を運転する
8）シタールを弾く（演奏する）

2．１．の各句を，主語を尊称の３人称（उहाँ）とし，現在進行形「その人は今...しています（しているところです）」，及び過去進行形「その人は昨日...していました（しているところでした）」の文章をつくりなさい．

3．１．の各句の動詞を継続を表す複合動詞に変え，主語を ऊ として「彼/彼女は今...し（続け）ています」及び「彼/彼女は昨日...し（続け）ていました」の文をつくりなさい．

4．１．の各句を，習慣過去形を用い，肯定文「私はよく...した」及び否定文「私はよく...しなかった」の文をつくりなさい．

5．以下の各文を भने を用いて言い換え，日本語の意味も言いなさい．　86
1）राम नआए सीता पनि आउँदैन ।
2）यो औषधी दिनको एक चक्की खानुभएमा चाँडै निको हुनुहुनेछ ।
3）धेरै खाए तुरुन्तै मोटाउँछ ।
4）भोलि पानी परे कार्यक्रम स्थगित गरिन्छ ।
5）तपाईंले रेडियो सुन्नुभए समाचार थाहा पाउनुहुनेछ ।

6．次のネパール語を読み，日本語に訳しなさい．　87
1）हामीहरू हरेक आइतबार फुटबल खेल्ने गर्छौं ।
2）श्यामले राम्रोसँग खेलेको भए हामीले आजको गेममा हार्ने थिएनौं ।
3）फुटबल खेलिरहेको श्यामले अचानक खेल्न छोड्यो ।
4）उषाजी यहाँ आउँदैहुनुहुन्छ ।
5）राम यहाँ आइरहन्छ ।

6）म भोलि नेपाल जाँदैछु ।
7）मेरो लागि एउटा राम्रो फूल टिपिदिनुहुन्छ कि ?
8）विवाह गर्नुभन्दा पहिले राम धेरै चुरोट पिउने गर्थ्यो ।

7．次の文章をネパール語に訳し，発音しなさい． 88
1）シャムのせいで私たちは今日のサッカーの試合に負けた．
2）私は小さい頃，母が呼ばなければ一日中サッカーをし続けていたものだ．
3）アディカリ（अधिकारी）さんは家の状況のため学校に行かなかった．（習慣過去）
4）アディカリさんは子供の時から働かなければならなかった．（習慣過去）
5）彼らが今日の試合に勝っても勝たなくても私には関係ない．
6）ここに座っていいですか？
7）３年前，私はネパール語ができなかった．
8）（あなたは）今何をしているのですか？

लोकगीत 民謡　पोखरी 池　नुहाउनु 水浴する　उपन्यास 長編小説
खोला 川　गाडी 車　सितार シタール　बजाउनु 演奏する
चक्की 錠　निको हुनु 治る　तुरुन्तै すぐさま　मोटाउनु 太る
कार्यक्रम 行事　स्थगित 中止　आइतबार 日曜日　हार्नु 負ける
अचानक 突然　छोड्नु やめる　फूल 花　टिप्नु 摘む
स्थिति 状況　बच्चा 子供　जित्नु 勝つ　-लाइ मतलब छैन …には関心がない

練習問題解答

練習問題1

1．1）nanaste こんにちは　2）tapaĩ あなた　3）tarkari 野菜　4）kalam ペン　5）yahã ここ　6）koṭʰa 部屋　7）pani も　8）aru 他の　9）euṭa ひとつ　10）kasto どのような

2．1）मेरो नाम mero nam　2）त्यो tyo　3）मूला mula　4）कहाँ kahã　5）झोला jʰola　6）कापी kapi　7）किताब kitab　8）के ke　9）रमाइलो ramailo　10）राम्रो ramro

3．1）これは何のカレーですか？　これは何の肉ですか？　これは何の漬け物ですか？

2）それはジャガイモのカレーです．　それはカリフラワーのカレーです．　それはニワトリの肉です．　それは去勢ヤギの肉です．　それはキュウリの漬け物です．　それはトマトの漬け物です．

3）部屋にジャガイモがあります/ありません．　家にニワトリがいます/いません．　畑にカリフラワーがあります/ありません．　畑にキュウリがあります/ありません．　畑にトマトがあります/ありません．　村に去勢ヤギがいます/いません．等

4）このジャガイモは良い/良くない．　このカリフラワーは美味しい/美味しくない．　このニワトリは大きい/大きくない．　この去勢ヤギは小さい/小さくない．　このキュウリは良い/良くない．　このトマトは美味しい/美味しくない．

4．1）あなたの名前はタナカですか？　2）これはラムのペンではありません．　3）これはあなたのコップですか？　4）私のカバンはどうですか？　5）私の家に面白い本はありません．

5．1）मेरो नाम यामादा हिरोसि हो ।　2）त्यो के हो ?　3）मूला कहाँ छ ?　4）कोठामा अचार पनि छ ।　5）टेबलमा राम्रो कापी छैन ।

練習問題2

1．1）aja 今日　2）gaũ 村　3）bʰai 弟　4）ḍakṭar 医者　5）ama 母　6）bahini 妹　7）dʰanyebad ありがとう　8）beluka 晩　9）kun どの　10）japani keṭo 日本人の男の子

2．1）भोलि bʰoli　2）बाट baṭa　3）शहर sahar　4）देश des　5）घर gʰar　6）बुबा buba　7）दिदी didi　8）मूर्ख murkʰa　9）बिहान bihana　10）अहिले ahile

3．1）हुँ　私は学生です．　2）होइन　彼は私の弟ではありません．

3）छ　ラムの息子は日本にいます．　4）छ　あなたはお元気ですか？
5）हुनुहुन्न　シタのお兄さんは部屋にいらっしゃいません．

4．1）कोही　今日は家に誰もいません．　2）केहीं　カバンに何かありますか？　3）कहीं　私のメガネはどこにもありません．

5．1）この村には医者はいません．シャムは医者ではありませんか？　2）あなたはいかがですか？　ありがとう，私は元気です．　3）あなた方の中で誰かネパール人はいますか？　私たちは全員日本人です．

6．1）तपाईंकी बहिनी शिक्षिका हुनुहुन्छ ?　2）मेरी बहिनी विद्यार्थी हो ।　3）राम र श्याम वकील हुन् ।　4）तपाईंको बुबालाई सन्चै छ ? / तपाईंको बुबा सन्चै हुनुहुन्छ ?　5）हजुर मेरो बुबालाई सन्चै छ । / मेरो बुबा सन्चै हुनुहुन्छ ।
6）सीताजी अल्छी हुनुहुन्छ ?　7）होइन, उहाँ मेहनती हुनुहुन्छ ।　8）अनि उहाँ दयालु हुनुहुन्छ ।　9）तपाईंको छोरो कहीं छ ?　10）मेरो छोरो कहीं छैन ।

練習問題3

1．1）janu 行く　2）paṭan パタン（町の名）　3）sinema 映画　4）bolnu 話す
5）sayed おそらく　6）paisa お金　7）kalo 黒い　8）sabbʰanda 最も　9）baru むしろ　10）gulapʰ バラ

2．1）आउनु aunu　2）किनमेल kinmel　3）भाषा bʰasa　4）हेर्नु hernu　5）पाँच pãc
6）रातो rato　7）सस्तो sasto　8）नीलो nilo　9）टेबल ṭebal　10）सुन sun

3．1）गर्नुहुन्छ あなたは休みの日に仕事をしますか？　गर्दिनँ いいえ，私は休みの日に仕事をしません．　2）जान्छु 今日は休みです．しかし私は事務所に行きます．　जानुहुन्छ あなたは何故休みの日にも事務所に行くのですか？
3）खान्छ ラムは鶏の肉を食べますか？　खान्छ はい，彼は鶏の肉を食べます．
4）आउनुहुन्छ グルン先生はいつネパールから来ますか？　आउनुहुन्छ 先生は今日中に日本に来ます．　5）हेर्नुहुन्न あなた方はテレビを見ませんか？　हेर्छौं 私たちは夜だけテレビを見ます．　हेर्दैनौं 私たちは昼間テレビを見ません．

4．1）ठूलो 日本はネパールより大きいです，小さくありません．　2）अग्लो 世界で最も高い山はエベレストです．　3）होचो 富士山はエベレストより低い．
4）महँगो カトマンズよりも東京の方が米が高い．　5）सबेरै 私は朝，あなたよりも早く起きます．

5．1）मसँग महँगो घडी छैन ।　2）सायद मेरोभन्दा तपाईंको घडी महँगो छ होला ।
3）तपाईं मलाई सस्तो घडी दिनुहुन्छ ?　4）सबभन्दा महँगो घडी कोसँग छ ?
5）राम राती १२ बजे सुत्छ ।　6）म रामभन्दा चाँडै सुत्छु ।　7）सीता रामभन्दा राम्रोसँग नाच्छ ।　8）श्यामहरू जापानी भाषा बोल्दैनन् ।
9）तपाईंहरू नेपाली भाषा सिकाउनुहुन्छ ?　10）अहँ, हामीहरू नेपाली भाषा सिकाउँदैनौं, जापानी भाषा सिक्छौं ।

練習問題4

1．1）उहाँ हिजो राती ११ बजे सुत्नुभयो। 2）ऊ कहिले जापानमा आयो？ 3）दुर्गाकोभन्दा मेरो घडी राम्रो थियो। 4）तपाईंले आज काम गर्नुभएन？ 5）बिहान विद्यालयमा केटाकेटीहरू थिएनन्। 6）कसले मेरो मिठाई खायो？ 7）म ३ वर्ष अगाडि नेपाल गएँ। 8）सीता किन रोयो？ 9）मल्लजी राम्रो मान्छे हुनुहुन्थ्यो। 10）म राम्रो शिक्षक थिइनँ तर मेरो भाइ राम्रो शिक्षक थियो।

2．＜解答例＞1）राम आउँछ तर श्याम चाहिं आउँदैन।ラムは来ますがシャムは来ません．2）राम मात्र आयो？ラムだけ来たのですか？ 3）सबभन्दा पहिले राम आयो।最初にラムが来ました． 4）रामले मलाई रातो श्याउ दियो।ラムは私に赤いリンゴをくれました． 5）राम कता गयो？ラムはどちらに行きましたか？ 6）राम यहाँ एक छिन मात्र बस्यो।ラムはここにちょっとだけいました． 7）राम एक घण्टा पनि बसेन।ラムは1時間もいませんでした． 8）राम यहाँ आयो, एक छिन बस्यो अनि गयो।ラムはここに来て，ちょっといて，そして行きました． 9）राम उत्तरतिर गयो।ラムは北の方に行きました． 10）रामले धेरै मेहनत गऱ्यो।ラムは大変頑張りました．

3．1）मैले आज समाचार हेरिनँ। 2）रामजीको छोरो ठूलो भयो। 3）उसले आज बिहान ६ बजे उठेर लुगा धोयो। 4）तपाईं हिजो कहाँ हुनुहुन्थ्यो अनि के गर्नुभयो？ 5）श्याम बजार गयो अनि किनमेल गऱ्यो। 6）यामादाजीको बाख्रा कालो थियो। 7）ढकालजीले चिट्ठी लेख्नुभयो तर मैले लेखिनँ। 8）हामीहरूले टि.भि. हेऱ्यौं अनि त्यसपछि गीत गायौं। 9）को नाच्यो？ 10）मसँग नीलो कलम थिएन।

4．1）彼/彼女は昨日市場を回りました． 2）ラムはシタと口をききませんでした． 3）あなたが来る前にアディカリさんは行きました． 4）クリシュナは私にネパール語を教えました． 5）私よりも私の弟の方が背が高かった． 6）あなたはご飯を食べましたか？ 7）10年前私は学生でした． 8）カルキさんは私に3冊の本をくれました． 9）昨日私の家には誰もいませんでした． 10）私は賞を貰えませんでした．

練習問題5

1．1）तपाईंले रामलाई चिट्ठी लेख्नुभयो？ 2）मलाई श्यामको पुरानो फोन नम्बर थाहा थियो, तर नयाँ नम्बर थाहा छैन। 3）मैले पहिलो चोटि दालभात खाएँ। मलाई दालभात एकदम मन पऱ्यो। 4）भोलि मेरो कोठामा हामीहरू सँगै भिडियो हेरौं। 5）अधिकारीजीले मलाई नेपाली भाषा सिकाउनुभयो।

2．1）पढ्नु 勉強する　पढाउनु 教える　2）देख्नु 見る　देखाउनु 見せる　3）बन्नु できる　बनाउनु 作る　4）पाक्नु 煮える　पकाउनु 煮る　5）बल्नु 燃える　बाल्नु 燃やす　6）खानु 食べる　खुवाउनु 食べさせる　7）मर्नु 死ぬ　मार्नु

殺す　8）लाग्नु つく　लगाउनु つける　9）रुनु 泣く　रुवाउनु 泣かす　10）धुनु 洗う　धुलाउनु 洗わせる

3．1）早く行ってください．　2）このパンを食べてください．　3）ここに座ってください．　4）日本語を話してください．　5）戸を閉めてください．
त 目下に対する　न 促す　है 念を押して委ねる　ल 愛情を示す

4．1）あなたはマンゴーが好きなんですよね？　はい，でもどうして分かったんですか？　2）ご飯ができました．冷めてしまいます，早く食べましょう．
3）「明日はパシュパティに行かないでおこう」とラムは言った．私は彼の考えが良いとは思わなかった．　4）ダサインについて私は良く知りません．私にネパール文化について教えて下さいな．　5）クリシュナにこの仕事をさせなければならない．はい，私が彼にさせます．

5．1）खड्काजीले मलाई मालपुवा दिनुभयो । मलाई धेरै मीठो लाग्यो ।
2）तपाईंको घरमा कहिले आऊँ ? भोलि बेलुका ७ बजे आउनुहोस् ।
3）तपाईंलाई नेपाली खानामा के मन पर्छ ? मलाई गुन्द्रुक सबभन्दा मन पर्छ ।
4）योभन्दा ठूलो छाता देखाउनुहोस् । योभन्दा सानो चाहिं नदेखाउनुहोस् ।
5）नेपालको राजधानी कुन शहर हो, तपाईंलाई थाहा छ ? थाहा छ, काठमाडौं हो ।

練習問題6

1．1）राम सात बजे काम गर्न आउँछ ।ラムは7時に仕事をしに来ます．
2）रमेश पैसा कमाउनको लागि जापान आयो ।ラメシュはお金を稼ぐために日本に来ました．　3）म नेपाल जान चाहन्छु ।私はネパールに行きたいです．
4）म नौ बजे अफिस पुग्नु पर्छ ।私は9時に事務所に着かなければなりません．　5）तपाईंलाई जापान आउन मन लाग्छ ? あなたは日本に来たいと思いますか？

2．1）मन　ネパールよりもタイに行きたい．　2）जस्तो　明日は雨は降らないみたいです．　3）यदि, भने　もしラムが来たならこの本を彼にあげてください．　4）सायद, होला　たぶんシャムは来ないでしょう．　5）भोक 沢山食べました．お腹は空いていません．　6）लागि　ネパール語を学ぶためにネパールに行かなければならない．

3．1）फुटबल गेम हेर्नै पर्छ ।サッカーの試合を（どうしても）見なければならない．　2）फुटबल गेमै हेर्नु पर्छ ।サッカーの（練習などではなく）試合を見なければならない．　3）आजै मेरो घरमा आउनुहोस् ।今日私の家に来てください．（明日ではだめ）　4）आज मेरै घरमा आउनुहोस् ।今日（他所ではなく）私の家に来てください．　5）श्यामै नेपालमा शिक्षक थियो ?（他の人ではなく）シャムがネパールで教師だったのですか？　6）श्याम नेपालमै शिक्षक थियो ? シャムは（他の国ではなく）ネパールで教師だったのですか？　7）श्याम

नेपालमा शिक्षक नै थियो ? シャムはネパールで（他の職業ではなく）教師だったのですか？

4．1）ここの規則では朝6時に起きなければならない．　2）あなたは私にペンをくれなければならない.（ください）　3）あなたはネパールに行ったらヒマラヤも見てください．　4）私は眠くなりました．もう寝たいです．　5）これはネパールのお茶のようです．　6）生きるためにお金を稼ぎたいと思います．　7）バスは来ないようです．タクシーで行ってください．

5．1）भोलि काम छ भने यहाँ आउनु पर्दैन ।　2）म १० बजे किनमेल गर्न जान चाहन्छु ।　3）आँप केराभन्दा महँगो छ होला ।　4）नेपाली भाषा बोल्नको लागि धेरै पढ्नु पर्छ ।　5）रामले पोहर सालदेखि जापानी भाषा सिक्न थाल्यो ।　6）मलाई तपाईं आफ्नो बुबा जस्तो लाग्छ ।　7）तपाईं अहिले के गर्न चाहनुहुन्छ ?

練習問題7

1．1）तपाईंले लुगा धोइसक्नुभयो ? あなたは洗濯し終えましたか？
2）तानाकाजीलाई नेपाली खाना पकाउन आउँदैन ।田中さんはネパール料理を作れません．　3）मैले खाना खाएपछि टि.भि. हेरें ।私は食事した後テレビを見ました．　4）मलाई नेपाली भाषा आउन त आउँछ तर त्यति राम्रोसँग आउँदैन ।私はネパール語ができるにはできますが，それほど良くはできません．
5）तपाईं उठ्ने बित्तिकै मेरो घरमा आइहाल्नुहोस् ।あなたは起きるやいなや私の家にすぐ来てください．

2．1）सक्नुहुन्छ　2）आउँछ　3）पाइँदैन（पाउनुहुन्न）　4）लिनुभयो　5）दिन्छु

3．1）कागलाई जापानी भाषामा के भनिन्छ ?　2）मलाई एउटा क्यामरा चाहिन्छ ।　3）रामले हामीलाई नेपाली भाषा सिकायो ।　4）आज धेरै थाकियो ।　5）यहाँ चुरोट खान पाइन्छ ।

4．1）あなたは私にたくさん協力してくださいました．　2）この服があなたに合うかどうか，一度着てみてください．　3）私はこの仕事を明日までにすることができます．　4）ここには新鮮な肉があります.（入手できる）　5）私はシャムにこの仕事をさせました．　6）私はニガウリを食べるには食べてみますが，美味しいだろうとは思いません．

5．1）मलाई नेपाली गीत गाउन आउँछ तर नाच्न आउँदैन ।　2）हात धोएपछि भात खानुहोस् ।　3）खाइदिन्छु !　4）नेपाल जान त गएँ तर हिमाल देखिएन ।　5）चिट्ठी पाउने बित्तिकै मलाई फोन गर्नुहोस् ।　6）म यो काम भोलिसम्ममा गरिसक्छु ।

練習問題8

1．1）बोल्ने，बोलेको　2）बजाउने，बजाएको　3）छुने，छोएको

4) जाने, गएको　5) लिने, लिएको　6) रहने, रहेको　7) उठ्ने, उठेको
8) हुने, भएको　9) सिकाउने, सिकाएको　10) खोज्ने, खोजेको

2. 1) यो खाने पानी हो। 2) मलाई जाडोमा लाउने लुगा दिनुहोस्।
3) त्यो हिजो नआएको मान्छे हो। 4) त्यो मैले किनेको रेडियो हो।

3. 1) चोरेको　2) बस्ने　3) जाने　4) सुतेको　5) रोएको

4. 1) अहिले के खानुभएको छ ? म:म: खाएको छु। 2) तपाईं अब के किन्नुहुन्छ ? केही किन्दिनँ। 3) राम हिजो कहाँ गएको ? भक्तपुर गएको। 4) तपाईंले सीतालाई के दिएको ? चुरा दिएको। 5) कति वर्ष नेपाली भाषा सिकेको ? तीन वर्ष सिकेको।

5. 1) 何言ってるの？　私には分からない.　2) 次の人が来なかったので私はそこに居続けました.　3) 仕事をしなかった人達にお金をやる必要はない.　4) 先週ラムから手紙が来ていました.　5) お金がない. さて, 何を食べる？(何も食べられない)　6) 泥棒を捕まえたことで警察は私に感謝した.　7) 悲しまないでください. 私たちはあなたに協力しますよ.

6. 1) तपाईंलाई भोक लागेको छ ? 2) राम र श्याम दुवैजना हिजो आइसकेका थिए। 3) अब जाने बेला भयो। 4) अर्को शनिबार कामाकुरा जाऔं। 5) तपाईंलाई मन पर्ने चीज किनिदिन्छु। 6) म काममा धेरै व्यस्त भएकोले भोलि आउन सक्दिनँ होला। 7) मौसम विवरण अनुसार भोलि अवश्य पानी पर्नेछ।

練習問題9

1. 1) A चिया पिउनु　B सिनेमा हेर्नु　2) A रोटी खानु　B अफिस जानु
3) A मुख धुनु　B चिट्ठी लेख्नु　4) A यताउता घुम्नु　B किनमेल गर्नु
5) A बाहिर हेर्नु　B झ्याल बन्द गर्नु　6) A रेडियो सुन्नु　B काम गर्नु

2. 1) चिया पिएर सिनेमा हेरौं। 2) रोटी खाएर अफिस जाऔं। 3) मुख धोएर चिट्ठी लेखौं। 4) यताउता घुमेर किनमेल गरौं। 5) बाहिर हेरेर झ्याल बन्द गरौं। 6) रेडियो सुनेर काम गरौं।

3. 1) मैले चिया नपिईकन सिनेमा हेरें। 2) म रोटी नखाईकन अफिस गएँ।
3) मैले मुख नधोईकन चिट्ठी लेखें। 4) मैले यताउता नघुमीकन किनमेल गरें।
5) मैले बाहिर नहेरीकन झ्याल बन्द गरें। 6) मैले रेडियो नसुनीकन काम गरें।

4. 1) चिया पिएपछि सिनेमा हेर्नुहोस्। 2) रोटी खाएपछि अफिस जानुहोस्।
3) मुख धोएपछि चिट्ठी लेख्नुहोस्। 4) यताउता घुमेपछि किनमेल गर्नुहोस्।
5) बाहिर हेरेपछि झ्याल बन्द गर्नुहोस्। 6) रेडियो सुनेपछि काम गर्नुहोस्।

5. 1) चिया पिउँदै सिनेमा नहेर्नुहोस्। 2) रोटी खाँदै अफिस नजानुहोस्।
3) मुख धुँदै चिट्ठी नलेख्नुहोस्। 4) यताउता घुम्दै किनमेल नगर्नुहोस्।
5) बाहिर हेर्दै झ्याल बन्द नगर्नुहोस्। 6) रेडियो सुन्दै काम नगर्नुहोस्।

6. 1) この頃日が長くなってきています. と共に夜が短くなってきています.

2）ごゆっくり（あなた方座っていてください），私はちょっと外に行って来ます．　3）ナムチェに到着するのに１週間かかりました．　4）黙っていなさい．　5）試験のために勉強している人に尋ねてみてください．　6）これが全部空になってから新しいボトルを買ってください．　7）私が全く言ってもいないことをシタはどうやって知ったのか？　8）宿題をし終えた後でテレビを見ることができます，せずに見てはいけません．

7．1）यो काम सिद्ध्याउन कति दिन लाग्छ ?　2）म अफिस गएर लुगा फेरेपछि काम शुरु गर्छु ।　3）म यहाँ आएपछि राम आउँदैआउँदैन ।　4）श्यामहरू बैंकक भएर जापान आए ।　5）हामीहरूलाई चन्दा दिंदैमा उसलाई राम्रो मान्छे भन्न सकिंदैन ।　6）हामीसँग पिकनिक जानेहरू जम्मा कति जना हुनुहुन्छ ?　7）समोसा एक प्लेटको कति हो ?　8）पैसा तिर्नु पर्दैन ।　9）कस्तो राम्रो मान्छे हुनुहुन्छ !

練習問題 10

1．1）कोठामा टि.भि. हेर्नु　2）राम्रोसँग लोकगीत गाउनु　3）पोखरीमा नुहाउनु　4）पुस्तकालयमा उपन्यास पढ्नु　5）सीतासँग कुरा गर्नु　6）खोलामा लुगा धुनु　7）एक्लै गाडी हाँक्नु　8）सितार बजाउनु

2．1）उहाँ अहिले कोठामा टि.भि. हेर्दैहुनुहुन्छ । उहाँ हिजो कोठामा टि.भि. हेर्दैहुनुहुन्थ्यो ।　2）उहाँ अहिले राम्रोसँग लोकगीत गाउँदैहुनुहुन्छ । उहाँ हिजो राम्रोसँग लोकगीत गाउँदैहुनुहुन्थ्यो ।　3）उहाँ अहिले पोखरीमा नुहाउँदैहुनुहुन्छ । उहाँ हिजो पोखरीमा नुहाउँदैहुनुहुन्थ्यो ।　4）उहाँ अहिले पुस्तकालयमा उपन्यास पढ्दैहुनुहुन्छ । उहाँ हिजो पुस्तकालयमा उपन्यास पढ्दैहुनुहुन्थ्यो ।　5）उहाँ अहिले सीतासँग कुरा गर्दैहुनुहुन्छ । उहाँ हिजो सीतासँग कुरा गर्दैहुनुहुन्थ्यो ।　6）उहाँ अहिले खोलामा लुगा धुँदैहुनुहुन्छ । उहाँ हिजो खोलामा लुगा धुँदैहुनुहुन्थ्यो ।　7）उहाँ अहिले एक्लै गाडी हाँक्दैहुनुहुन्छ । उहाँ हिजो एक्लै गाडी हाँक्दैहुनुहुन्थ्यो ।　8）उहाँ अहिले सितार बजाउँदैहुनुहुन्छ । उहाँ हिजो सितार बजाउँदैहुनुहुन्थ्यो ।

3．1）ऊ अहिले कोठामा टि.भि. हेरिरहेको छ । ऊ हिजो कोठामा टि.भि. हेरिरहेको थियो ।　2）ऊ अहिले राम्रोसँग लोकगीत गाइरहेको छ । ऊ हिजो राम्रोसँग लोकगीत गाइरहेको थियो ।　3）ऊ अहिले पोखरीमा नुहाइरहेको छ । ऊ हिजो पोखरीमा नुहाइरहेको थियो ।　4）ऊ अहिले पुस्तकालयमा उपन्यास पढिरहेको छ । ऊ हिजो पुस्तकालयमा उपन्यास पढिरहेको थियो ।　5）ऊ अहिले सीतासँग कुरा गरिरहेको छ । ऊ हिजो सीतासँग कुरा गरिरहेको थियो ।　6）ऊ अहिले खोलामा लुगा धोइरहेको छ । ऊ हिजो खोलामा लुगा धोइरहेको थियो ।　7）ऊ अहिले एक्लै गाडी हाँकिरहेको छ । ऊ हिजो एक्लै गाडी हाँकिरहेको थियो ।　8）ऊ अहिले सितार बजाइरहेको छ । ऊ हिजो सितार बजाइरहेको थियो ।

4．1）म कोठामा टि.भि. हेर्थें । म कोठामा टि.भि. हेर्दिनथें ।　2）म राम्रोसँग

लोकगीत गाउँथें। म राम्रोसँग लोकगीत गाउँदिनथें। 3) म पोखरीमा नुहाउँथें। म पोखरीमा नुहाउँदिनथें। 4) म पुस्तकालयमा उपन्यास पढ्थें। म पुस्तकालयमा उपन्यास पढ्दिनथें। 5) म सीतासँग कुरा गर्थें। म सीतासँग कुरा गर्दिनथें। 6) म खोलामा लुगा धुन्थें। म खोलामा लुगा धुँदिनथें। 7) म एक्लै गाडी हाँक्थें। म एक्लै गाडी हाँक्दिनथें। 8) म सितार बजाउँथें। म सितार बजाउँदिनथें।

5．1) राम आएन भने सीता पनि आउँदैन। ラムが来なければシタも来きません. 2) यो औषधी दिनको एक चक्की खानुभयो भने चाँडै निको हुनुहुनेछ। この薬を1日1錠飲めば早く治りますよ. 3) धेरै खायो भने तुरुन्तै मोटाउँछ। 沢山食べればすぐに太ります. 4) भोलि पानी पऱ्यो भने कार्यक्रम स्थगित गरिन्छ। 明日雨が降れば行事は中止されます. 5) तपाईंले रेडियो सुन्नुभयो भने समाचार थाहा पाउनुहुनेछ। あなたはラジオを聞けばニュースを知りますよ.

6．1) 私たちは毎週日曜日サッカーをします. 2) シャムが上手にプレイしていれば私たちは今日の試合に負けることはなかった. 3) サッカーをしていたシャムは突然やめた. 4) ウサさんはこちらに向かっています. 5) ラムはここによく来ます. 6) 私は明日ネパールに行くところです. 7) 私のために美しい花を1つ摘んでくださいますか. 8) 結婚する前ラムはたくさんタバコを吸っていた.

7．1) श्यामले गर्दा हामीहरू आजको फुटबल गेममा हाऱ्यौं। 2) म सानो हुँदा आमाले नबोलाए दिनभरि फुटबल खेलिरहन्थें। 3) अधिकारीजी घरको स्थितिले गर्दा स्कूल जानुहुन्नथ्यो। 4) अधिकारीजीलाई बच्चाको बेलादेखि काम गर्नु पर्थ्यो। 5) उनीहरू आजको गेममा जिते पनि नजिते पनि मलाई मतलब छैन। 6) यहाँ बसे हुन्छ ? 7) ३ वर्ष अघि मलाई नेपाली भाषा आउँदैनथ्यो। 8) तपाईं अहिले के गर्दैहुनुहुन्छ ? (गरिरहनुभएको छ ?, गर्नुभएको छ ?)

付録

1．人称代名詞と後置詞の接続

親称

				-को（…の）	-लाई（…に，…を）	-ले
単数	1人称		म（私）	मेरो	+	मैले
	2人称	非尊	तँ（お前）	तेरो	+	तैंले
		同等	तिमी（君）	तिम्रो	+	+
	3人称	非尊	ऊ（彼・彼女） यो त्यो	उसको यसको त्यसको	उसलाई यसलाई त्यसलाई	उसले यसले त्यसले
		同等	उनी（彼・彼女） यिनी तिनी	उनको यिनको तिनको	उनलाई यिनलाई तिनलाई	उनले यिनले तिनले
複数	1人称		हामी（私たち）	हाम्रो	+	+
			हामीहरू	+	+	+
	2人称		तिमीहरू（お前たち）	+	+	+
	3人称		उनीहरू（彼ら） (यिनीहरू, तिनीहरू)	+	+	+

尊称

単数	2人称	तपाईं（あなた） (यहाँ, हजुर)	+	+	+
	3人称	उहाँ（あの方）	+	+	+
複数	2人称	तपाईंहरू（あなた達） (यहाँहरू, हजुरहरू)	+	+	+
	3人称	उहाँहरू（あの方達）	+	+	+

注）＋は，代名詞にそのまま後置詞がつきます．

2．動詞 हुनु の活用（現在形）

हुनु (hunu) の現在形３つの形，**हो** (ho)「…です」，**छ** (cha)「…いる/ある」，**हुन्छ** (huncha)「…なる/である」

親称

単数（カッコ（ ）内は女性形）

<table>
<tr><th colspan="2">人称</th><th colspan="2">肯定</th><th colspan="2">否定 / 第２否定</th></tr>
<tr><td colspan="2" rowspan="2">１人称</td><td>हुँ</td><td>छु</td><td>होइनँ</td><td>छैनँ</td></tr>
<tr><td colspan="2">हुन्छु</td><td colspan="2">हुँदिनँ / हुन्नँ</td></tr>
<tr><td rowspan="4">２人称</td><td rowspan="2">非尊</td><td>होस्</td><td>छस् (छेस्)</td><td>होइनस्</td><td>छैनस्</td></tr>
<tr><td colspan="2">हुन्छस् (हुन्छेस्)</td><td colspan="2">हुँदैनस् (हुँदिनस्) / हुन्नँ</td></tr>
<tr><td rowspan="2">同等</td><td>हौ</td><td>छौ (छ्यौ)</td><td>होइनौ</td><td>छैनौ</td></tr>
<tr><td colspan="2">हुन्छौ (हुन्छ्यौ)</td><td colspan="2">हुँदैनौ (हुँदिनौ) / हुन्नौ</td></tr>
<tr><td rowspan="4">３人称</td><td rowspan="2">非尊</td><td>हो</td><td>छ (छे)</td><td>होइन</td><td>छैन</td></tr>
<tr><td colspan="2">हुन्छ (हुन्छे)</td><td colspan="2">हुँदैन (हुँदिन) / हुन्न</td></tr>
<tr><td rowspan="2">同等</td><td>हुन्</td><td>छन् (छिन्)</td><td>होइनन्</td><td>छैनन्</td></tr>
<tr><td colspan="2">हुन्छन् (हुन्छिन्)</td><td colspan="2">हुँदैनन् (हुँदिनन्) / हुन्नन्</td></tr>
</table>

複数

<table>
<tr><td rowspan="2">１人称</td><td>हौं</td><td>छौं</td><td>होइनौं</td><td>छैनौं</td></tr>
<tr><td colspan="2">हुन्छौं</td><td colspan="2">हुँदैनौं / हुन्नौं</td></tr>
<tr><td rowspan="2">２人称</td><td>हौ</td><td>छौ</td><td>होइनौ</td><td>छैनौ</td></tr>
<tr><td colspan="2">हुन्छौ</td><td colspan="2">हुँदैनौ / हुन्नौ</td></tr>
<tr><td rowspan="2">３人称</td><td>हुन्</td><td>छन्</td><td>होइनन्</td><td>छैनन्</td></tr>
<tr><td colspan="2">हुन्छन्</td><td colspan="2">हुँदैनन् / हुन्नन्</td></tr>
</table>

尊称 （カッコ（ ）内は確実未来形）

肯定	否定
हुनुहुन्छ (हुनुहुनेछ)	हुनुहुन्न (हुनुहुनेछैन)

3．現在形の活用表

・**सुत्नु** (sutnu)「寝る」（語幹が子音で終わる動詞の例）

親称

人称		単数（カッコ( )内は女性形） 肯定	単数 否定	複数 肯定	複数 否定
1人称		सुत्छु	सुत्दिनँ	सुत्छौं	सुत्दैनौं
2人称	非尊	सुत्छस् (सुत्छेस्)	सुत्दैनस् (सुत्दिनस्)	सुत्छौ	सुत्दैनौ
2人称	同等	सुत्छौ (सुत्छ्यौ)	सुत्दैनौ (सुत्दिनौ)	सुत्छौ	सुत्दैनौ
3人称	非尊	सुत्छ (सुत्छे)	सुत्दैन (सुत्दिन)	सुत्छन्	सुत्दैनन्
3人称	同等	सुत्छन् (सुत्छिन्)	सुत्दैनन् (सुत्दिनन्)	सुत्छन्	सुत्दैनन्

尊称

肯定	否定
सुत्नुहुन्छ	सुत्नुहुन्न

・**खानु** (khānu)「食べる」（語幹が母音で終わる動詞の例）

親称

人称		単数（カッコ( )内は女性形） 肯定	単数 否定／第2否定	複数 肯定	複数 否定／第2否定
1人称		खान्छु	खाँदिनँ ／ खान्नँ	खान्छौं	खाँदैनौं ／ खान्नौं
2人称	非尊	खान्छस् (खान्छेस्)	खाँदैनस् ／ खान्नस् (खाँदिनस्)	खान्छौ	खाँदैनौ ／ खान्नौ
2人称	同等	खान्छौ (खान्छ्यौ)	खाँदैनौ ／ खान्नौ (खाँदिनौ)	खान्छौ	खाँदैनौ ／ खान्नौ

3人称	非尊	खान्छ (खान्छे)	खाँदैन / खान्न (खाँदिन)	खान्छन्	खाँदैनन् / खान्नन्
	同等	खान्छन् (खान्छिन्)	खाँदैनन् / खान्नन् (खाँदिनन्)		

尊称	肯定	否定
	खानुहुन्छ	खानुहुन्न

・**आउनु** (āunu)「来る」(語幹が (āu) 又は (iu) で終わる動詞の例)

親称

単数(カッコ( )内は女性形)				複数	
人称		肯定	否定 / 第2否定	肯定	否定 / 第2否定
1人称		आउँछु	आउँदिनँ / आउन्नँ	आउँछौं	आउँदैनौं / आउन्नौं
2人称	非尊	आउँछस् (आउँछेस्)	आउँदैनस् / आउन्नस् (आउँदिनस्)	आउँछौ	आउँदैनौ / आउन्नौ
	同等	आउँछौ (आउँछ्यौ)	आउँदैनौ / आउन्नौ (आउँदिनौ)		
3人称	非尊	आउँछ (आउँछे)	आउँदैन / आउन्न (आउँदिन)	आउँछन्	आउँदैनन् / आउन्नन्
	同等	आउँछन् (आउँछिन्)	आउँदैनन् / आउन्नन् (आउँदिनन्)		

尊称	肯定	否定
	आउनुहुन्छ	आउनुहुन्न

4．過去活用語尾

親称

人称		単数（カッコ( )内は女性形）肯定	単数 否定	複数 肯定	複数 否定
1人称		-एँ (-ẽ)	-इनँ (-inã)	-यौं (-yaũ)	-एनौं (-enaũ)
2人称	非尊	-इस् (-is)	-इनस् (-inas)	-यौ (-yau)	-एनौ (-enau)
	同等	-यौ (-yau)	-एनौ（-इनौ） (-enau) (-inau)		
3人称	非尊	-यो（-ई） (-yo) (-ī)	-एन（-इन） (-ena) (-ina)	-ए (-e)	-एनन् (-enan)
	同等	-ए（-इन्） (-e) (-in)	-एनन्（-इनन्） (-enan) (-inan)		

尊称

肯定	否定
-नुभयो (-nu·bhayo)	-नुभएन (-nu·bhaena)

5．動詞 हुनु の活用（過去形）

हुनु (hunu) の過去形２つの形，**थियो** (thiyo)「…だった，いた/あった」，**भयो** (bhayo)「…なった」

親称

人称		単数（カッコ( )内は女性形）肯定	単数 否定	複数	複数 肯定	複数 否定
1人称		थिएँ	थिइनँ	1	थियौं	थिएनौं
		भएँ	भइनँ		भयौं	भएनौं
2人称	非尊	थिइस्	थिइनस्	2	थियौ	थिएनौ
		भइस्	भइनस्			
	同等	थियौ	थिएनौ（थिइनौ）		भयौ	भएनौ
		भयौ	भएनौ（भइनौ）			
3人称	非尊	थियो（थिई）	थिएन（थिइन）	3	थिए	थिएनन्
		भयो（भई）	भएन（भइन）			
	同等	थिए（थिइन्）	थिएनन्（थिइनन्）		भए	भएनन्
		भए（भइन्）	भएनन（भइनन्）			

尊称 （カッコ（ ）内は習慣過去形）

肯定	否定
(हुनुहुन्थ्यो)	(हुनुहुन्नथ्यो)
हुनुभयो	हुनुभएन

6．完了形の活用語尾

・現在完了，活用語尾

親称

	単数（カッコ（ ）内は女性形）		複数	
人称	肯定	否定	肯定	否定
1人称	-एको छु (-एकी छु)	-एको छैनँ (-एकी छैनँ)	-एका छौं	-एका छैनौं
2人称 非尊	-एको छस् (-एकी छेस्)	-एको छैनस् (-एकी छैनस्)	-एका छौ	-एका छैनौ
2人称 同等	-एका छौ (-एकी छ्यौ)	-एका छैनौ (-एकी छैनौ)		
3人称 非尊	-एको छ (-एकी छे)	-एको छैन (-एकी छैन)	-एका छन्	-एका छैनन्
3人称 同等	-एका छन् (-एकी छिन्)	-एका छैनन् (-एकी छैनन्)		

尊称

肯定	否定
-नुभएको छ	-नुभएको छैन

・過去完了，活用語尾

親称

	単数（カッコ（ ）内は女性形）		複数	
人称	肯定	否定	肯定	否定
1人称	-एको थिएँ (-एकी थिएँ)	-एको थिइनँ (-एकी थिइनँ)	-एका थियौं	-एका थिएनौं

<table>
<tr><td rowspan="2">2人称</td><td>非尊</td><td>-एको थिइस्
(-एकी थिइस्)</td><td>-एको थिइनस्
(-एकी थिइनस्)</td><td rowspan="2">-एका थियौ</td><td rowspan="2">-एका थिएनौ</td></tr>
<tr><td>同等</td><td>-एका थियौ
(-एकी थियौ)</td><td>-एका थिएनौ
(-एकी थिइनौ)</td></tr>
<tr><td rowspan="2">3人称</td><td>非尊</td><td>-एको थियो
(-एकी थिई)</td><td>-एको थिएन
(-एकी थिइन)</td><td rowspan="2">-एका थिए</td><td rowspan="2">-एका थिएनन्</td></tr>
<tr><td>同等</td><td>-एका थिए
(-एकी थिइन्)</td><td>-एका थिएनन्
(-एकी थिइनन्)</td></tr>
</table>

尊称

肯定	否定
-नुभएको थियो	-नुभएको थिएन

7．命令形（願望）の活用語尾

いずれも，否定形をつくるには語頭に否定の接辞 न- をつける．

・活用語尾

親称

<table>
<tr><td colspan="2"></td><td>単数</td><td>複数</td></tr>
<tr><td colspan="2">1人称</td><td>-ऊँ</td><td>-औं</td></tr>
<tr><td rowspan="2">2人称</td><td>非尊</td><td>（語幹のみ）／-एस्</td><td rowspan="2">-अ（子音終の語幹）
-ओ／-ऊ（母音終の語幹）
-नू</td></tr>
<tr><td>同等</td><td>-अ（子音終の語幹）
-ऊ（母音終の語幹）／-नू</td></tr>
<tr><td rowspan="2">3人称</td><td>非尊</td><td>-ओस्</td><td rowspan="2">-ऊन्</td></tr>
<tr><td>同等</td><td>-ऊन्</td></tr>
</table>

尊称

-नुहोस्

・**दिनु** (dinu) 自動詞「与える」（語幹が **इ** i で終わる動詞の例）副語幹＝不規則

親称

<table>
<tr><td colspan="2"></td><td>単数</td><td>複数</td></tr>
<tr><td colspan="2">1人称</td><td>दिऊँ</td><td>दिऔं</td></tr>
<tr><td rowspan="2">2人称</td><td>非尊</td><td>दे／दिएस्</td><td rowspan="2">देओ／देऊ
दिनू</td></tr>
<tr><td>同等</td><td>देऊ
दिनू</td></tr>
</table>

3人称	非尊	देओस्	दिऊन्
	同等	दिऊन्	

尊称	दिनुहोस्

・**जानु** (jānu) 自動詞「行く」(例外) 副語幹＝ **ग** (ga)

親称

		単数	複数
1人称		जाऊँ	जाऔं
2人称	非尊	जा / गएस्	जाओ / जाऊ जानू
	同等	जाऊ जानू	
3人称	非尊	जाओस्	जाऊन्
	同等	जाऊन्	

尊称	जानुहोस्

・**हुनु** (hunu) 自動詞「なる，ある，いる」(例外) 副語幹＝ **हो** (ho)

親称

		単数	複数
1人称		होऊँ	होऔं
2人称	非尊	हो / भएस्	होओ / होऊ हुनू
	同等	होऊ हुनू	
3人称	非尊	होस् / होओस्	होऊन्
	同等	हून् / होऊन्	

尊称	हुनुहोस्

8. 数詞

	0	1	2	3	4
	० शून्य sunye	१ एक ek	२ दुई dui	३ तीन tin	४ चार car
10	१० दश das	११ एघार eg^{h}ara	१२ बाह्र bara	१३ तेह्र tera	१४ चौध caud^{h}a
20	२० बीस bis	२१ एक्काईस ekkais	२२ बाईस bais	२३ तेईस teis	२४ चौबीस caubis
30	३० तीस tis	३१ एकतीस ektis	३२ बत्तीस battis	३३ तेत्तीस tettis	३४ चौंतीस caũtis
40	४० चालीस calis	४१ एकचालीस ekcalis	४२ बयालीस bayalis	४३ त्रिचालीस tricalis	४४ चौवालीस cauwalis
50	५० पचास pacas	५१ एकाउन्न ekaunna	५२ बाउन्न baunna	५३ त्रिपन्न tripanna	५४ चौवन्न cauwanna
60	६० साठी saṭ^{h}i	६१ एकसट्ठी eksaṭṭ^{h}i	६२ बयसट्ठी baisaṭṭ^{h}i	६३ त्रिसट्ठी trisaṭṭ^{h}i	६४ चौंसट्ठी caũsaṭṭ^{h}i
70	७० सत्तरी sattari	७१ एकहत्तर ekattar	७२ बहत्तर bahattar	७३ त्रिहत्तर trihattar	७४ चौहत्तर cauattar
80	८० असी asi	८१ एकासी ekasi	८२ बयासी bayasi	८३ त्रियासी triyasi	८४ चौरासी caurasi
90	९० नब्बे nabbe	९१ एकान्नब्बे ekannabbe	९२ बयान्नब्बे bayannabbe	९३ त्रियान्नब्बे triyannabbe	९४ चौरान्नब्बे caurannabbe
	百 १०० सय sae	千 १,००० एक हजार ek hajar	1万 १०,००० दश हजार das hajar	10万 १,००,००० एक लाख ek lak^{h}	100万 १,००,००,००० दश लाख das lak^{h}

5	6	7	8	9
५ पाँच pãc	६ छ c^{h}a	७ सात sɑt	८ आठ ɑʈ^h	९ नौ nau
१५ पन्ध्र pand^{h}ra	१६ सोह्र sora	१७ सत्र satra	१८ अठार aʈ^{h}ɑra	१९ उन्नाईस unnɑis
२५ पच्चीस paccis	२६ छब्बीस c^{h}abbis	२७ सत्ताईस sattɑis	२८ अट्ठाईस aʈʈ^{h}ɑis	२९ उनन्तीस unantis
३५ पैंतीस paĩtis	३६ छत्तीस c^{h}attis	३७ सैंतीस saĩtis	३८ अठतीस aʈ^{h}tis	३९ उनन्चालीस unancɑlis
४५ पैंतालीस paĩtɑlis	४६ छयालीस c^{h}ayɑlis	४७ सतचालीस satcɑlis	४८ अठचालीस aʈ^{h}cɑlis	४९ उनन्चास unancɑs
५५ पचपन्न pacpanna	५६ छपन्न c^{h}appanna	५७ सन्ताउन्न santɑunna	५८ अन्ठाउन्न anʈ^{h}ɑunna	५९ उनन्सट्ठी unansaʈʈ^{h}i
६५ पैंसट्ठी paĩsaʈʈ^{h}i	६६ छैसट्ठी c^{h}aisaʈʈ^{h}i	६७ सतसट्ठी satsaʈʈ^{h}i	६८ अठसट्ठी aʈ^{h}saʈʈ^{h}i	६९ उनन्सत्तरी unansattari
७५ पचहत्तर pacattar	७६ छहत्तर c^{h}ahattar	७७ सतहत्तर satattar	७८ अठहत्तर aʈ^{h}attar	७९ उनासी unɑsi
८५ पचासी pacɑsi	८६ छयासी c^{h}ayɑsi	८७ सतासी satɑsi	८८ अठासी aʈ^{h}ɑsi	८९ उनान्नब्बे unɑnnabbe
९५ पन्चान्नब्बे pacɑnnabbe	९६ छयान्नब्बे c^{h}ayɑnnabbe	९७ सन्तान्नब्बे santɑnnabbe	९८ अन्ठान्नब्बे anʈ^{h}ɑnnabbe	९९ उनान्सय unɑnsae
1千万 १०,००,००० एक करोड ek karoɽ	1億 १०,००,००,००० दश करोड das karoɽ	10億 १,००,००,००,००० एक अरब ek arab		

9．月名，曜日

1．月名

	ビクラム歴 विक्रम संवत् bikram sambat		(西暦 इस्वी सन् iswi san)
1）	वैशाख baisak^{h}		（4月中旬～5月中旬）
2）	जेठ jeṭ^{h}	(ज्येष्ठ) jyesṭ^{h}a	（5月中旬～6月中旬）
3）	असार asar	(आषाढ) asaṛ	（6月中旬～7月中旬）
4）	साउन saun	(श्रावण) srawan	（7月中旬～8月中旬）
5）	भदौ b^{h}adau	(भाद्र) b^{h}adra	（8月中旬～9月中旬）
6）	असोज asoj	(आश्विन) aswin	（9月中旬～10月中旬）
7）	कात्तिक kattik	(कार्तिक) kartik	（10月中旬～11月中旬）
8）	मङ्सीर mansir	(मार्ग) marga	（11月中旬～12月中旬）
9）	पुस pus	(पौष) paus	（12月中旬～1月中旬）
10）	माघ mag^{h}		（1月中旬～2月中旬）
11）	फागुन p^{h}agun	(फाल्गुण) p^{h}algun	（2月中旬～3月中旬）
12）	चैत cait	(चैत्र) caitra	（3月中旬～4月中旬）

2．曜日

日曜日	आइतबार aitabar	木曜日	बिहीबार biibar
月曜日	सोमबार sombar	金曜日	शुक्रबार sukrabar
火曜日	मंगलबार mangalbar	土曜日	शनिबार sanibar
水曜日	बुधबार bud^{h}abar		

単語リスト

1）一般的なネパール語の辞書の配列に従ってデバナガリ文字順に配列されています.
2）動詞は一部を除いて辞書形で掲載しており，個々の活用の形は原則掲載していません.
3）スペースの都合上，発音記号やデバナガリ文字のローマ字転写は掲載していません.
4）本書に出てきたすべての単語に，いくつかの知っておきたい単語も加えてあります.
5）明らかに分かると思われる名詞・形容詞には品詞の別を書いていませんが，それ以外の品詞についてはカッコ［ ］に示しています.
6）重要な文法事項などについては，⇒1のように矢印の後ろに，参照すべき課を数字で表記しています.
7）熟語等に現れる見出し語は～で省略しています.
8）100までの数詞は付録にまとめて掲載しており，この単語リストには掲載していません.

अ

अँ ［間］はい，うん（肯定の返事）
अंक ［名］数字 ＝ अङ्क
अंत ［名］終わり，最後 ＝ अन्त
अँध्यारो ［形］暗い
अखबार 新聞
अगाडि ［副］前に（へ，で）
अग्लो ［形］（高さが）高い ⇔ होचो
अघि ［副］前に（へ）．～ बढ्नु/सर्नु 前進する
अङ्क ［名］数字 ＝ अंक
अचानक ［副］突然，いきなり
अचार ネパール式漬け物，アチャール
अझ ［副］まだ，もっと，より一層
अढाई ［形］2.5
अत: ［副］それゆえ，従って
अति ［副］きわめて，いちじるしく
अदुवा ショウガ
अधिकारी アディカリ（ネパール人姓），役人，役員
अनार ザクロ
अनि ［接］そして
अनुमति 許可．～ पत्र 許可証，免許証
अनुसार ［副］...によると，...に従って，...の通りに
अन्त/अन्त्य ［名］終わり，最後 ＝ अंत
अन्दाजी ［副］推定
अन्न 穀物
अन्नपूर्णा アンナプルナ山（8091m）
अप्ठ्यारो 困難な，難しい
अफिस 事務所，会社，オフィス（office）
अब ［副］今や，もう，これから，では，今後
अमिलो ［形］酸っぱい
अरब 10億，10億の．दश ～ 100億，100億の
अरू ［形］他の，別の
अर्को ［形］もう一つの，次の，他の
अर्द्धविराम セミコロン（；）

अलि [形, 副] 少し. ～～ (ほんの) 少し
अल्छी [形] 怠惰な, 怠け者
अल्पविराम 読点 (,)
अवग्रह アバグラハ記号 (ऽ)
अवश्य [副] きっと, 必ず
असार/आषाढ アサール月 (विक्रम संवत 第3月, 西暦6～7月)
असोज/आश्विन アソージュ月 (विक्रम संवत 第6月, 西暦9～10月)
अस्ति [副] 一昨日, 先日, 数日前
अस्पताल 病院 (hospital)
अहँ [間] いいえ, うん (否定の返事)
अहा [間] (喜びなど) ああ, おお
अहिले [副] 今, 現在

आ

आँखा 目
आँप マンゴー
आँसु 涙
आइतबार 日曜日
आइपुग्नु [自動] 到着する
आउनु [自動] 来る, (相手の所に) 行く. -लाई …～ …は…できる ⇒13
आकाश 空, 天上
आज [副] 今日, 現代
आजकल [副] このごろ, 最近
आधा [形] 半分
आपी アピ山 (7132m)
आफू [再代] 自分自身
आफै [副] 自分で, 自ら, ひとりでに
आफ्नो [再代] 自分の (आफू の所有格)
आमा 母 (年輩の女性に対する呼びかけにも) = मुमा, मा
आराम 休息, 安楽. ～ गर्नु 休息する
आरामै [形] 健康な, 安らかな
आरु 桃
आरोप [名] 非難
आलु ジャガイモ
आलुतामा アルタマ (ジャガイモとタケノコの酸味スープ)
आवाज 音

इ

-इ [尾] 動詞の (副) 語幹に付いて複合分詞を作り, 後ろに別の動詞を付けて複合動詞を作る ⇒14
इकेबुकुरो 池袋 (地名)
इच्छा [名] 意志, 願望
इनार 井戸
इन्जिनियर 技師, エンジニア (engineer)
इसाई [形] キリスト教の. ～ धर्म キリスト教
इस्कुस ハヤトウリ (ウリの一) (squash)
इस्लाम [名] イスラーム教
इस्वी सन् 西暦 (इ. सन्)

ई

-ई/-ईकन [尾] 動詞の (副) 語幹に付いて接続分詞を作る ⇒17
ईर्ष्या [名] 嫉妬
ईश्वर 至上神

उ

उकालो 登り坂
उखु サトウキビ
उज्यालो [形] 明るい
उठाउनु [他動] 起こす, 立たせる
उठ्नु [自動] 起きる, 立つ

उता ［副］あちら，あっち（で，に，へ）
उति ［副，形］それほど，それだけ
उत्तर 答え，返答，北．～ दिनु 答える
उदाहरण 例．～ को लागि たとえば
उद्धरण-चिन्ह 引用符．एकोहोरा ～ 一重引用符，दोहोरो ～ 二重引用符
उनको ［代］彼の/彼女の（उनी の所有格）
उनी ［代］彼/彼女（３人称第２レベル）（接続形は उन）
उपत्यका 盆地，谷
उपन्यास 長編小説
उसको ［代］彼の/彼女の（ऊ の所有格）
उसरी ［副］そのように，あのように，ああやって
उसो ［副］そう，ああ，そのように
उसोभए ［接］それならば
उस्तो ［形，副］そのような，あのような
उहाँ ［代］彼/彼女，あの方（尊称の３人称）；［副］そこ，あそこ（で，に，へ）

ऊ

ऊ ［代］彼/彼女（３人称第１レベル）（接続形は उस）
ऊन ［名］羊毛
ऊनी ［形］羊毛の

ऋ

ऋण 借金，借り
ऋतु 季節，時期

ए

ए ［間］えー（相づち，驚き，感嘆，立腹など）
-ए ［尾］動詞の（副）語幹に付いて第２過去分詞を作る ⇒20
एउटा ［形］ひとつの
एकदम ［副］非常に，とても
एकीकरण 統一，合併
-एको ［尾］動詞の（副）語幹に付いて過去分詞を作る ＞एका, एकी ⇒16
एक्लै ［副］１人で，一人っきり
एयरपोर्ट 空港（airport）＝ विमानस्थल
-एर ［尾］動詞の（副）語幹に付いて接続分詞を作る ⇒17
एशिया アジア

ऐ

ऐन 法律，…法
ऐना 鏡，ガラス

ओ

ॐ/ओं オーム真言
ओखर クルミ
ओखल 臼
ओठ 唇
ओरालो 下り坂
ओर्लनु ［自動］降りる
ओहो ［間］（喜び，悲しみ，驚き等）おお，ああ，おやまあ

औ

औंठी 指輪
औजार 道具，工具
औषधी 薬，医薬品
औसत ［名］平均

क

कछुवा　カメ
कञ्चनजंघा　カンチャンジャンガ山（8586m）
कता ［疑副］ どちら，どこ（へ，に，で）
कति ［疑形，疑副，間］ いくら，どれだけ．～बजे 何時に，～वटा 何個，～घण्टा 何時間 ⇒7，18
कथा　物語り，短編小説，話し
कपाकप ［擬］ パクパク
कफी　コーヒー（coffee）
कमाउनु ［他動］ 稼ぐ
कम्प्यूटर　コンピュータ（computer）
कर　税金，無理矢理．～ गर्नु 強要する
करेला　ニガウリ
करोड　千万，千万の．दश～ 1億，1億の
कलम　ペン
कवि　詩人
कविता　詩
कस- ［疑代］（कोの接続形）
कसरी ［疑副］ どのように，どうやって，（-को に続いて）いくら
कसै- ［不代］（कोही の接続形）
कसो ［疑副］ どう
कस्तो ［疑形］ どんな，どのような，いかが；［間］ なんと！
कहाँ ［擬副］ どこ（で，に，へ）
कहिले ［疑副］ いつ
कहिलेकाहीं ［副］ 時々
कहिल्यै ［副］ 決して（否定文で）
कहीं ［不］（肯定文で）どこかに，（否定文で）どこにも
काँक्रो　キュウリ
काउली　カリフラワー
काग　カラス
कागज　紙
कागती　レモン
काट्नु ［他動］ 切る．टिकट～ 切符を買う
काठ　木材，材木
काठमाडौं　カトマンズ（地名，ネパールの首都）＝काठमाण्डौ，काठमाण्डू
कात्तिक/कार्तिक　カルティック月（विक्रम संवत 第7月，西暦10～11月）
कान　耳
कानुन/कानून　法律，法
कापी　ノート
काम　仕事，働き，用事，行為．～ गर्नु 働く
कामाकुरा　鎌倉（地名）
कारण　理由
काराओके　カラオケ
कार्की　カルキ（ネパール人姓）
कार्य　行為，行い，仕事
कार्यक्रम　催し，行事，プログラム，予定
कार्यालय　事務所，役所
कालो　黒（い）
कि ［接］ あるいは，または，か
किताब　本，書籍
किन ［疑］ なぜ，どうして
किनभने/किनभन्देखि ［接］ なぜならば，なぜかと言うと
किनमेल　買い物．～ गर्नु 買い物する
किन्नु ［他動］ 買う
किलो　キロ（kilo）
किसान　農民
कीरा　虫，昆虫（エビや貝も含む）
कुकुर　イヌ
कुखुरा　ニワトリ
कुन ［疑形］ どの，どちらの
कुनै ［不］（肯定文で）どれかの，いずれかの，（否定文で）どれも，何も

कुरा こと，モノ，話し．～ गर्नु 話をする，会話する

कुहिनु/कुहुनु ［自動］腐る

कृष्ण クリシュナ（男子名）

के ［疑代］何．～ गर्ने？どうする？/しかたない

केटाकेटी 少年少女，子供

केटी 少女，女子

केटो 少年，男子（接続形は केटा）

केन्द्र ［名］中心，センター

केरा バナナ

केही ［不代］（肯定文で）何かが，（否定文で）何も

को ［疑代］誰（接続形は कस）

-को ［後］…の（所有や所属を表す）（接続形は -का，女性形は -की）

कोठा 部屋

कोही ［不代］（肯定文で）誰かが，（否定文で）誰も（接続形は कसै）

क्या ［間］なんと，とても，きゃー（叫び声），（文末で）だよ

क्यामरा カメラ（camera）

क्याम्पस キャンパス，（大学の）…校，学部（campus）

क्लास 教室，クラス（class）

क्षत्री クシャトリヤ（カースト）

क्षयरोग 結核

ख

खड्का カドカ（ネパール人姓）

खबर 知らせ，連絡．～ गर्नु 連絡する

खरानी ［名］灰

खरायो ウサギ

खसी （去勢されたオスの食肉用）山羊

खाइनु ［自動］食べられる（खानुの受け身・自発）

खाना 食事，料理

खानु ［他動］食べる，（液体，タバコ等を）飲む，（不当に）取り込む

खानेकुरा 食べ物

खाम 封筒

खाली ［形］空の，空いている

खुट्टा 足

खुवाउनु/ख्वाउनु ［他動］食べさせる，養う（खानुの使役）

खुशी ［名］喜び．-लाई～लाग्नु …は嬉しい

खेत 田んぼ

खेर ［副，後］…の時，…の際．त्यति～ その時

-खेरि ［後］（進行分詞 -दा に続いて）…の時，…の際 ⇒19

खेल 遊び，ゲーム，試合

खेलकुद スポーツ

खेल्नु ［他動］遊ぶ，（役を）演じる，（スポーツ・ゲームなどを）する

खै ［不変］さあ，はて（疑念，疑問を表す）

खैरो 茶色（い）

खोज्नु ［他動］探す．-न ～ …しようとする

खोला 川

ग

गँगटो カニ

गणित 数学，算数

गणेश ガネシュ神（男子名）

गते （ビクラム歴の）日付

गधा ロバ，のろま

गमला 植木鉢

गराउनु ［他動］させる（गर्नुの使役）

गरिनु [自動] される (गर्नुの受け身)
गरिब/गरीब [形] 貧乏な (人) ⇔ धनी
गर्नु [他動] する，行う ⇒5
गर्मी [形] 暑い. ～ महिना 夏
गहुँ 小麦
गाई メス牛 (ネパールの国獣)
गाउँ 村，田舎
गाउनु [他動] 歌う
गाजर ニンジン
गाडी 車，自動車. रेल ～ 列車
गाह्रो [形] 難しい，困難な
गिलास コップ，グラス (glass)
गीत 歌，歌詞. लोक ～ 民謡
गुन्द्रुक グンドゥルック (乾燥発酵野菜)
गुरुङ्ग グルン (民族名)
गुलाफ [名] バラ
गुलाफी [形] バラのような，桃色の
गुलियो 甘い
गुहार [間] 助けて！
गृहकार्य 宿題，家事
गेडागुडी 豆類
गेम 試合，ゲーム (game)
गैंडा サイ
गोरखा ゴルカ (地名)
गोरू 雄牛
गोलभेंडा トマト

घ

घंटा [名] …時間 ＝ घण्टा
घटना 出来事，事件，事故
घट्नु [自動] 減る，(事件，事故などが) 起こる
घडी 時計
घण्टा [名] …時間 ＝ घंटा
घण्टी (小型の) 鐘，鈴，ベル
घर 家，実家，建物
घाँटी 喉，首
घाउ 傷，怪我
घुँडा 膝
घुम्नु [自動] 回る，散歩する，巡る，観光する
घोडा 馬

ङ

ङिच्च [副] ニヤリと
ङ्याउरो 仔猫

च

चक्की [名] 錠剤，…錠，小円盤
चन्दा 寄付. ～ उठाउनु 募金する
चन्द्रबिन्दु 鼻母音記号，チャンドラビンドゥ (ँ)
चरा 鳥
चलाउनु [他動] 動かす，操作する (चल्नुの使役)
चलाक [形] 賢い，ずる賢い
चल्नु [自動] 動く
चश्मा メガネ
चाँडै [副] 早く，早急に
चाड 祭. ～ पर्व 祭
चामल 米 ＞ धान，चामल
चालक 運転手
चाहनु [他動] 欲する，欲しい. -न ～ …したい ⇒12
चाहिं [名] …のもの，…のほう，…というと
चाहिनु [自動] 要る，欲せられる (चाहनुの自発)
चिउरा 干し飯

चिट्ठी 手紙，書簡
चितवन राष्ट्रिय निकुञ्ज チトワン国立公園（亜熱帯サファリパークがある）
चिया お茶（とくにネパール式の紅茶），チヤ
चिसो ［形］冷たい ⇔ तातो
चीज ［名］モノ，品物
चुरा 腕輪，ブレスレット
चुरोट （紙巻き）タバコ．～ खानु/पिउनु タバコを吸う
चुल्हो かまど
चूप ［名］沈黙．～ लाग्नु 黙る
चैत/चैत्र チャイト月（विक्रम संवत 第12月，西暦3～4月）
चोटि ［副］…度，…回
चोर्नु ［他動］盗む，盗る
च्याउ キノコ

छ

छ ［自動］（हुनुの親称3人称単数現在肯定形の一）…がある，（形容詞に続いて）…だ，…です ⇒2
छाता 傘
छाना 屋根
छिटो ［形］機敏な；［副］速く，すぐに
छिन ［名］瞬間．एक ～ちょっと（の時間），一瞬
छुट्टी ［名］休日，いとま
छुनु ［他動］触る，触れる（副語幹は छो-）
छेउ ［名］そば，傍ら，端，隅
छैन ［自動］（हुनुの親称3人称単数現在否定形の一）…がない，（形容詞に続いて）…でない，…ではありません ⇒2
छोटो ［形］短い ⇔ लामो
छोड्नु ［他動］放す，止める，離れる
छोरी 娘
छोरो 息子（接続形は छोरा）

ज

जँचाउनु ［他動］試験させる，検査させる，診てもらう（जाँच्नुの使役）
जग्गा 土地，農地
जङ्गल 森，林
जति ［副］…ほど，…程度
जना ［形］…人の（人を数える時の助数詞）．सबै ～ 全員
जनाउनु ［他動］知らせる（जान्नुの使役）
जम्मा ［名］合計，集合；［副］全部で．～ गर्नु 集める，～ हुनु 集まる
जयन्ती ジャヤンティ（女子名），（故人の）生誕記念日
जस्तो ［副，形］…のように，ような
जहाज 船
जाँच 試験，テスト．～ दिनु 受験する，～ लिनु 試験する
जाँच्नु ［他動］試験する，検査する，診る
जागिर ［名］給料，（給料を得る）職業．～ खानु 就労する
जागिरे 勤め人，サラリーマン
जाडो 寒い．～ महिना 冬期
जात्रा （巡行する）祭
जानु ［自動］行く，過ぎる，消費される（副語幹は ग-）
जान्नु ［他動］知る，熟達する，分かる
जापान 日本（国名）
जापानी ［形］日本の（日本人，日本語など）
जिउनु ［自動］生きる，生活する
जित्नु ［他動］勝つ ⇔ हार्नु

-जी [尾] ...さん，様　= -ज्यू
जीरा　クミン（香辛料）
जुत्ता　靴
जेठ/ज्येष्ठ　ジェト月（विक्रम संवत 第2月，西暦5～6月）
जोमसोम　ジョムソン（地名）
ज्ञान [名] 知識

झ

झगडा　喧嘩，いさかい
झण्डा　旗
झन् [副] 一層．～～ どんどん
झरना　滝
झिंगा　ハエ
झिक्नु [他動] 引き出す，抜く
झूटो [形] 嘘の，偽の
झोला　かばん，袋
झ्याउँकिरी　セミ
झ्याल　窓

ट

टाउको　頭
टाढा [形] 遠い；[副，名] 遠く（に，で，へ）⇔ नजीक
टापु　島
टिकट　切符，チケット，切手 (ticket)．～ काट्नु 切符を買う
टिप्नु [他動] 摘む，拾う，メモする
टि.भि.　テレビ (T.V.)
टेनिस　テニス (tennis)．～ खेल्नु テニスをする
टेलिफिल्म　テレビドラマ (tele film)
टेलिफोन　電話 (telephone)　= फोन
टेबल　机 (table)
टोकियो　東京（地名）= टोक्यो
टोपी　帽子
ट्याक्सी　タクシー (taxi)
ट्याम्पो　テンポ，オート三輪

ठ

ठट्टा　冗談．～ गर्नु 冗談を言う，ふざける
ठाउँ　場所
ठाडो [形] 直立した，真っ直ぐな
ठीक [形] 正しい，丁度良い
ठीकै [形] まあまあ良い
ठूलो [形] 大きい，偉大な（地位，年齢等が）高い　⇔ सानो
ठेगाना　住所

ड

डकार　げっぷ
डमरु　でんでん太鼓，トラ・ライオンの仔
डर　恐怖，怖れ．-लाई ～ लाग्नु ...は怖い
डाँका　強盗
डाँडा　丘，丘陵，尾根，山
डाँफे　ダンフェ鳥（ネパールの国鳥）
डाक्टर　医者，博士 (doctor)
डाडु　杓子
डुङ्गा　小舟，ボート
डेढ [形] 1.5
डोको（竹製の）背負い籠　> नाम्लो
डोरी　ロープ，綱

ढ

ढकाल　ダカール（ネパール人姓）
ढल्नु [自動] 倒れる，転ぶ

ढाँट्नु [他動] 騙す，ごまかす
ढाका　ダカ織り
ढाक्नु [他動] 覆う
ढिंडो　ディロ（そばがき状の食べ物）
ढिकी　足踏み式杵
ढिलो [形] 遅い
ढुकढुक [擬] ドキドキ
ढुङ्गा　石，岩石
ढोका　入口，扉，戸
ढोग्नु [他動] 額ずく，お辞儀する

त

त [不変] …についていうと，…は，（命令・願望形の文末にきて，目上から目下への命令を表す）…してごらん，…しなさい．-न ～ …するにはするが ⇒10，13
तँ [代] きさま，お前（2人称第1レベル）
तपाईं [代] あなた（尊称の2人称）
तयारी [名] 準備，用意．～ गर्नु 準備する，～ हुनु 準備できる
तर [接] しかし
तरकारी　野菜，おかず，カレー
तरिका [名] 方法，手法
तल [副] 下に（で，へ）
तलब　給料
ताजा　新鮮な
तातो　熱い ⇔ चिसो
तानाका　田中（日本人姓）
तामा　タケノコ
तारा　星
तारिख （西暦の）日付
ताल　湖
तिनको [代] その人の（तिनी の所有格）
तिनी [代] その人（3人称第2レベル）（接続形は तिन）
तिमी [代] 君，お前（2人称第2レベル）
तिम्रो [代] 君の，お前の（तिमी の所有格）
-तिर [後] …頃，…辺り，…の方
तिर्खा [名] 喉の渇き．-लाई ～ लाग्नु …は喉が渇く ＝ प्यास
तिर्नु [他動] 支払う
तुरुन्तै [副] たちまち，すぐさま
तेरो [代] きさまの，お前の（तँの所有格）
तेल　油
तैपनि [接] しかしながら，それでも
त्यता [副] そちら，そっち（で，に，へ）
त्यति [副，形] それほど，それだけ
त्यसको [代] それの，そいつの（त्योの所有格）
त्यसपछि [接] その後，それから
त्यसरी [副] そのように，そうやって，あのように
त्यसै [副] まさにそのように ＜त्सो＋नै
त्यसैले [接] だから，それゆえ
त्यसो [副] そう，ああ，そのように
त्यसोभए [接] それならば
त्यस्तो [形，副] そのような，あのような
त्यहाँ [副] そこ，あそこ（で，に，へ）
त्यो [代] それ/その，そいつ（3人称中・遠称の指示代名詞及び人称代名詞）（接続形は त्यस）
त्रिशूल　三叉の戟

थ

थकाइ [名] 疲れ，疲労．-लाई ～ लाग्नु …は疲れる
थप्नु [他動] 加える
थर　名字，姓，サブカースト

थाइल्याण्ड　タイ（国名，Thailand）
थाकिनु ［自動］疲れる（थाक्नुの自発）
थाक्नु ［自動］疲れる
थाङ्क्यू　ありがとう，サンキュー（thank you）
थाल्नु ［他動］始める，開始する　＝ शुरू गर्नु
थाहा ［名］知ること．-लाई ...～ छ ...は...を知っている，～ पाउनु 知る　⇒9
थियो ［自動］（हुनुの親称３人称単数過去肯定形の一）...だった，...がいた，...があった　⇒8
थोरै ［副］少し　⇔ धेरै
थ्यो （थियोの縮約形）⇒20

द

-द，-दा，-दै，-दो ［尾］動詞の語幹に付いて進行分詞を作る　⇒17，19
दक्षिण　南
दगुर्नु ［自動］走る
दण्ड　罰，杖．～ दिनु 処罰する
दयालु ［形］親切な，優しい
दरबार　宮殿，王宮，御殿
दसैं ［名］ダサイン祭（秋に行われるネパール最大の祝祭）
दाँत　歯
दाइ/दाजु　兄，従兄（年上の男性に対する呼びかけにも）
दायाँ　右　⇔ बायाँ
दालभात　ダルバート，食事（ダル豆汁 दाल，ご飯 भात にカレー तरकारी がついた定食）
दिउँसो ［副］昼，日中，午後
दिदी　姉，従姉（年上の女性に対する呼びかけにも）＝ दिज्यू
दिन ［名］日，日中
दिनु ［他動］与える，やる，くれる．-न ～ ...させてやる，-इ ～ ...してやる
दिलाउनु ［他動］与えさせる（दिनुの使役）
दुःख ［名］悲しみ，苦痛，苦労，迷惑．-लाई ～ लाग्नु ...は悲しむ，～ गर्नु 苦労する，～ दिनु迷惑をかける，～ मान्नु 悲しむ
दुर्गा　ドゥルガ（女子名）
दुवै ［形］両方．～ जना ２人とも
देखाउनु ［他動］見せる
-देखि ［後］...から（おもに時，数に関する）
देखिनु ［自動］見える（देख्नुの自発）
देख्नु ［他動］見る（意識せずに見える）
देवनागरी　デバナガリ文字
देश　国
-द्वारा ［後］...によって，...から

ध

धनबहादुर　ダンバハドゥル（男子名）
धनियाँ　コリアンダー（香辛料）
धनी ［形］裕福な，金持ちの（人）⇔ गरिब
धन्यवाद ［間］ありがとう；［名］感謝
धर्म ［名］宗教，徳行，道理
धाउनु ［自動］通う，何度も行く
धान　稲，籾米　＞ चामल，भात
धारा　水道
धुनु ［他動］（顔手足，衣類等を）洗う，（写真等を）現像する（副語幹は धो-）
धुलाउनु ［他動］洗わせる，現像させる（धुनुの使役）
धेरै ［副］とても；［形］沢山の，多くの
धौलागिरि　ダウラギリ山（8167m）

न

न ［不変］（命令・願望形の文末で，ねだる感じや，その場で促す感じ）…よ，…な
न- ［頭］反対，打ち消し，否定を表す
-न ［尾］動詞の語幹に付いて不定詞を作る ⇒12，13
नजिक/नजीक ［形］近い；［副，名］近く（に，で，へ）⇔ टाढा
नमस्कार ナマスカール（挨拶の言葉）
नमस्ते ナマステ（挨拶の言葉）
नम्बर 番号，数字（number）
नयाँ ［形］新しい．～～ 最新の
नरिवल ココナツ
नाक 鼻
नाच्नु ［自動］踊る
नाति 孫（男）
नातिनी 孫娘
नाम 名前，名
नाम्चे ナムチェ（地名）
नाम्लो 背負い紐 ＞ डोको
नि ［不変］文末や語末に付いて，強調，確認などを表す
निकै ［副］かなり，とても
निको ［形］良い，治った
निन्द्रा ［名］眠気，眠り．-लाई ～ लाग्नु …は眠くなる
नीलो 青（い）
-नु ［尾］動詞の語幹に付いて，不定詞（辞書形）を作る ⇒11
नुनिलो ［形］しょっぱい
नुहाउनु ［自動］水浴する，沐浴する
नून 塩
-ने ［尾］動詞の語幹に付いて，現在分詞を作る ⇒15
नेपाल ネパール（国名）
नेपाली ［形］ネパールの（ネパール人，ネパール語など）
नेवार ネワール族
नै ［副］…こそ（単語や文章を強調する）⇒11

प

पंजा 手袋 ＝ पञ्जा
पकाउनु ［他動］煮る，調理する（पाक्नुの使役）
पछि ［副，後］後で
पञ्जा 手袋 ＝ पंजा
पटक ［副］…度，…回．～～ 何度も，度々
पठाउनु ［他動］送る，（人を）遣る
पढ्नु ［他動］読む，勉強する
पढाउनु ［他動］読ませる，（勉強を）教える（पढ्नुの使役）
पनि ［副］…も
परिआउनु ［自動］（災難などが身に）起こる，なってくる
परिवर्तन ［名］変化
परिवार 家族
पर्खनु ［他動］待つ
पर्दा 幕，カーテン，スクリーン
पर्नु ［自動］当たる，降る，位置する．पानी ～ 雨が降る，-नु ～ …しなければならない，-लाई … मन ～ …は…を好む ⇒9，11
पर्वत 山
पर्सि ［副］明後日
पशुपति パシュパティ（男子名，神名，寺院名，地名）
पश्चिम 西

पसल 店，店舗，…屋
पसिना 汗
पहाड 山
पहिले ［副］始めに，前に，かつて，先に
पहिलो ［形］初めての，最初の，首位の．～ चोटि/पटक 初めて
पहेंलो 黄色（い）
पाइनु ［自動］得られる，入手できる，分かる（पाउनुの受け身）．-न ～ …することができる
पाउनु ［他動］得る，入手する，関知する．-न ～ …することができる，जे पायो त्यही 手当たり次第に
पाउरोटी 食パン
पाक्नु ［自動］熟れる，煮える，膿む
पाटन パタン（地名，カトマンズの南に隣接する町）＝ ललितपुर
पानी 水，液体，雨．～ पर्नु 雨が降る
-पालि ［後］…回，…度
पास 合格，パス（pass）
पासपोर्ट パスポート，旅券（passport）
पिउनु ［他動］（液体を）飲む，（タバコを）吸う
पिकनिक ピクニック，野外餐（picnic）＝ वनभोज
पिट्नु ［他動］叩く，打つ
पियाउनु ［他動］飲ませる（पिउनुの使役）
पिरो ［形］辛い
पिसाब 小便，おしっこ
पुग्नु ［自動］着く，到達する，足りる
पुरस्कार 賞，賞金，賞品
पुरानो ［形］古い
पुल 橋
पुस/पौष プス月（विक्रम संवत 第９月，西暦 12 ～１月）
पुस्तकालय 図書館，図書室
पूजा 礼拝，宗教儀式，プジャ，祈祷．～ गर्नु プジャをする
पूरा ［形］完全な，満ちた．～ गर्नु 完了する
पूर्णविराम 句点（।）
पूर्व ［名］東；［形］以前の，元の
पेट 腹，胃，胎
पैसा お金，パイサ（रुपियाँの 100 分の１の貨幣単位）
पोखरा ポカラ（地名，有名な観光地）
पोखरी 池，湖
पोहर ［名，副］昨年 ＝～ साल
पौने ［形］マイナス 1/4 ⇔ सवा
प्याज ［名］タマネギ
प्याजी ［形］タマネギのような，紫色の
प्यास ［名］喉の渇き．-लाई ～ लाग्नु …は喉が渇く ＝ तिर्खा
प्रजातन्त्र 民主主義
प्रमाण 証拠
प्रश्न-चिन्ह 疑問符（？）
प्रस्ताव 提案，議案
प्रहरी 警察，警察官
प्लेट 皿，プレート（plate）

फ

फरक ［名］違い，差異．～ पर्दैन/छैन 間違いない
फर्कनु/फर्किनु ［自動］帰る，向く
फलफूल 果物，果実
फसाद 苦境
फागुन/फाल्गुण ファグン月（विक्रम संवत 第 11 月，西暦２～３月）
फिल्म/फिलिम 映画，フィルム（film）> टेलिफिल्म テレビドラマ
फुजी पर्वत 富士山

फुटबल　サッカー (football)
फुर्सत　暇，空いた時間
फूल　花
फेरि [副] 再び，また，さらに．～ भेटौंला また会いましょう
फेर्नु [他動] 交換する．लुगा～ 着替える，पिसाब ～ 小便をする，सास～ 呼吸する
फेल　失敗，落第 (fail)
फोटो　写真，絵 (photo)．～ खिच्नु 写真を撮る
फोन　電話 (phone) = टेलिफोन．～ नम्बर 電話番号
फ्रान्स　フランス (国名，France)

ब

बजाउनु [他動] 鳴らす，演奏する，(楽器等を) 弾く (बज्नुの使役)
बजार　市場，商店街，街
बजे　…時に (बज्नुの第２過去分詞)
बज्नु [自動] 鳴る，…時になる
बत्ती [名] 明かり，照明．～ बाल्नु 点灯する
बदाम　ピーナツ
बनाउनु [他動] 作る，修理する，成らせる (बन्नुの使役)
बन्द [形] 閉じられた；[名] 閉鎖．～गर्नु 閉じる
बन्नु [自動] 成る，できる
बरु [接] そのかわりに，むしろ，そうではなく
बल　球，ボール (ball)
बल्नु [自動] 燃える，(火や明かりが) つく
बल्ल [副] ようやく，やっと
बस　バス (bus)
बस्नु [自動] 座る，滞在する，住む
बहिनी　妹，従妹 (年下の女性に対する呼びかけにも)
बाँकी [名] 残り．～ छ 残っている
बाँच्नु [自動] 生きる，生存する
बाख्रा　山羊
बाघ　虎
-बाट [後] …から (おもに時や数以外)，…によって
बाटो　道，道路
बाढी　洪水
बायाँ　左 ⇔ दायाँ
बार　曜日
बारम्बार [副] 何度も，しばしば，よく
बारी　畑
बारे [後] …について；[名] 関係．-को बारेमा …に関して
बाल्टिन　バケツ
बाल्नु [他動] 燃やす，(火や明かりを) つける (बल्नु の使役)
बाहिर [副，後] 外 (で，に，へ)
बाहुन　ブラーマン (カースト)
बिगार्नु [他動] 壊す，潰す (बिग्रनुの使役)
बिग्रनु/बिग्रिनु [自動] 壊れる，故障する
बिचार → विचार
बित्तिकै [副] -ने～ …するや否や，…してすぐ
बिरालो　ネコ
बिरुवा　苗，苗木，若木
बिस्तारै [副] そおっと，ゆっくりと
बिहान [副] 朝，午前
बिहीबार　木曜日
बिहे = विवाह
बुझ्नु [他動] 理解する，分かる，受けとる

बुधबार　水曜日
बुबा　父（年輩の男性に対する呼びかけにも）＝ बुवा, बा
बूढी　老女，（口語）妻
बूढो　年寄りの，老人，（口語）夫
बेला ［名］時，時期
बेलुका ［副］晩，夜
बेश ［形］より良い
बेसार　ターメリック（香辛料）
बैंकक　バンコク（地名，Bangkok）
बोक्नु ［他動］担ぐ，背負う，持つ，携行する
बोट　植物，苗木．～ बिरुवा 植物
बोतल　瓶，ボトル（bottle）＝ सिसी
बोलाउनु ［他動］呼ぶ，招待する（बोल्नु の使役）
बोल्नु ［他動］話す，しゃべる
बौद्ध धर्म　仏教

भ

भक्तपुर　バクタプル（地名）＝ भादगाउँ
भञ्ज्याङ/भन्ज्याङ　峠，（山の）鞍部
भटमास　大豆，枝豆
भट्ट　バッタ（ネパール人姓）
भड्किलो ［形］派手な
भण्टा　ナス
भदौ/भाद्र　バドウ月（विक्रम संवत 第５月，西暦８～９月）
भनिठान्नु/भन्ठान्नु ［他動］…だと思う
भनिनु ［自動］言われる（भन्नुの受け身）
भने ［接］…ならば ⇒11
भनेदेखि/भन्देखि ［接］…ならば
भनेपछि ［接］…と言うことは，だとすると
-भन्दा ［後］…よりも（भन्नुの進行分詞）⇒6
भन्नु ［他動］言う ＞ भन्दैमा …だからと言って
भयो ［自動］（हुनुの親称３人称単数過去肯定形の一）…になった ⇒8
-भरि ［後］…中，…いっぱい ＞ दिनभरि 一日中
भवन　建物，館，バワン（男子名）
भाइ　弟，従弟（年下の男性に対する呼びかけにも）
भाडा ［名］賃貸料，借り賃，運賃．～-मा दिनु （料金を取って）貸す
भात（炊いた）ご飯 ＞ चामल, धान
भान्सा　台所
भारत　インド（国名）
भाषा　言語，言葉
भिडियो　ビデオ（video）
भिसा　査証，ビザ（visa）
भूत ［名］お化け，幽霊，死霊，過去
भेटाउनु ［他動］会わせる，見つける（भेट्नुの使役）
भेट्नु ［他動］会う，追いつく．-सँग/-लाई～ …に会う
भैंसी　水牛（メス）
भोक ［名］空腹．-लाई～ लाग्नु …はお腹が空く
भोलि ［副］明日，（比喩的に）将来

म

म ［代］私（１人称単数）
मंगलबार　火曜日
म:म:　ネパール式餃子，モモチャ
मकै　トウモロコシ
मङ्सीर/मार्ग　マンシール月（विक्रम संवत 第８月，西暦11～12月）

मजदूर 労働者
मतलब 意図，意味，関心. -लाई ~ छैन 関心ない
मदन マダン（男子名）
मद्दत 手助け. ~ गर्नु 手助けする
मन 心，気持ち，心情. -लाई ...~ पर्नु ...は...を好む，-लाई ...~ लाग्नु ...は...したい ⇒9，12
मनास्लु マナスル山（8163m）
मन्त्रालय（政府の）省
मन्त्री 大臣. प्रधान ~ 首相
मन्दिर 寺院
मर्नु［自動］死ぬ，（疲れ等が）消える
मल्ल マッラ（ネパール人姓）
मसला 香辛料
मह 蜜
महँगो［形］（値段が）高い，高価な ⇔ सस्तो
महिना/महीना（暦の）月，月間
-मा［後］...で，...に，...へ
माघ マーグ月（विक्रम संवत 第10月，西暦1～2月）
माछा 魚
मात्नु/मात्तिनु［自動］酔う
मात्र［副］...のみ，...だけ，...しか（ない）
माथि［副］上で（に，へ）
मानिस 人，人間
मान्छे 人，人間
मान्नु［他動］尊敬する，認める，承諾する，信仰する，思う
माया 愛情，慈しみ. ~ गर्नु 愛する，可愛がる，~ लाग्नु 哀れむ
मार्नु［他動］殺す，（スイッチ等を）消す（मर्नुの使役）
मालपुवा マールプワ（揚げた रोटी の一）
मासु 肉，食肉
मिठाई お菓子，甘いもの
मिनेट（時間の単位）分（minute）
मिल्नु［自動］合う，合致する，仲良くする
मीठो［形］おいしい，（声などが）甘い
मुख 顔，口
मुटु 心臓，こころ
मुस्ताङ ムスタン（地名）
मूर्ख［形］愚かな，バカな（人）
मूला 大根
मूल्य 値段，価格
मेच 椅子
मेरो［代］私の（म の所有格）
मेहनत［名］努力，頑張り
मेहनती［形］努力家の
मैले（म + -ले）
मोटर 自動車，モーター（motor）
मोटर साइकल オートバイ（motor cycle）
मोटाउनु［自動］太る，肥える
मोटो［形］太い，分厚い
मोल 値段，価格
मौसम［名］天気，気象，季節，時期. ~ विवरण 天気予報

य

यज्ञ［名］供儀
यता［副］こちら，こっち（で，に，へ）
यताउता［副］あちこち（で，に，へ）
यति［副，形］これほど，これだけ
यती 雪男，イエティ
यथार्थ［名，形］真実，事実
यदि［接］もしも，仮に
यसको［代］これの，こいつの（योの所有格）
यसपालि［副］今回

यसरी [副] このように，こうやって
यसो [副] こう，このように，ざっと，軽く
यस्तो [形，副] このような
यहाँ [副] ここ (で，に，へ)；[代] こちら様 (尊称の２，３人称)
याक ヤク (オス)
यात्रा 旅，旅行
याद 記憶
यामासाकी 山崎 (日本人姓)
यिनको [代] この人の (यिनी の所有格)
यिनी [代] この人 (３人称第２レベル) (接続形は यिन)
युद्ध 戦争，戦い
युरोप ヨーロッパ (Europe)
यो [代] これ/この，こいつ (３人称近称の指示代名詞及び人称代名詞) (接続形は यस)
योकोहामा 横浜 (地名)

र

र [接] そして，および，…と
रंग [名] 色
रक्सी ロキシ (蒸留酒)，酒．जाँड ～ 酒類
रगत 血
रङ [名] 色 ＝रंग
रमाइलो [形] 愉快な，楽しい，気持ちのいい，面白い．～ गर्नु 楽しむ
रहनु [自動] とどまる，滞在する，存在する，あり続ける．-इ ～ …し続ける ⇒19
रहर [名] 願望，望み
राजधानी 首都
राजा 王
रात [名] 夜
राति/राती [副] 夜，夜中
रातो 赤 (い)
रानी 王妃，女王
राम ラム (男子名)
राम्ररी [副] 良く，ちゃんと，上手に
राम्रो [形] 良い，すばらしい，美しい
राम्रोसँग [副] 良く，ちゃんと，上手に
राष्ट्र [名] 国家
रिक्सा 人力車
रिता リタ (女子名)
रिसाउनु [自動] 怒る
रुघा 風邪
रुद्र ルドラ (男子名)
रुनु [自動] 泣く (副語幹はरो-)
रुपियाँ ルピー (貨幣単位)
रुवाउनु [他動] 泣かせる (रुनुの使役)
रूख 木，樹木
रेडियो ラジオ (radio)
रेफ r 記号，レフ (ॅ)
रेल 鉄道，汽車，電車 (rail)
रेष्टूराँ レストラン (restaurant)
रोटी パン (焼いたり揚げたりしたパン類の総称)
रोप्नु [他動] (苗を) 植える，(種を) 植える
र्‍याकिट ラケット (racket)

ल

ल [不変] (文頭で，促す感じ) さあ…，(文末で，愛情を示す感じ) ね；[間] あら，あれま ⇒10
लगाउनु [他動] かける，被せる，(服等を) 着る．-न ～…させる ＝ लाउनु
लसुन ニンニク
लाइसेन्स ライセンス，免許 (license)

-लाई [後] …に (を，は) ⇒4，9，12，13
लाउनु [他動] かける，被せる，(服等を) 着る．-न ～ …させる ＝ लगाउनु
लाख 10万，10万の．दश ～ 100万，100万の
लागि [後] (-को/का ～の形で) …のため，…するため，…にとって，…期間の予定で
लाग्नु [自動] 付く，かかる，感じる，思う．-लाई …～ …は…と思う，-लाई … मन ～…は…したくなる ⇒12
लामो [形] 長い ⇔ छोटो
लाम्खुट्टे 蚊
लालीगुराँस 赤いシャクナゲ (ネパールの国花)
लिनु [他動] 受け取る，もらう，持つ
लुगा 服，衣服
लुम्बिनी ルンビニ (地名，釈尊生誕地)
-ले [後] …が (他動詞の動作主)，…で (手段，理由) ＞ -एकोले …なので
लेख्नु [他動] 書く
लोकगीत 民謡 ＜लोक + गीत
लौ [間] おや，あらら，まあ

व

वकील 弁護士
बच्चा 子供，幼児
वजन [名] 重量，重み
वटा [形] …個の (モノを数える時の助数詞)
वन 森，林
वनभोज ピクニック
वरिपरि [副] 周囲，回り (で，に)
वर्क 仕事 (work)
वर्ष 年，…年間，…歳
वाक 歩くこと，散歩 (walk)
विक्रमसंवत् ビクラム暦 (ネパールの公式の暦) (略号は वि.सं.)
विचार [名] 考え．～ गर्नु 考える
विद्यार्थी 学生，生徒，児童
विद्यालय 学校．प्राथमिक ～小学校，निम्नमाध्यमिक ～ 中学校，माध्यमिक ～ 高校，उच्चमाध्यमिक ～ 上級高校 (10 + 2と呼ばれる)，विश्व ～ 大学
विधि [名] やり方，規定，儀式．त्यति ～ そんなにも，विवाह ～ 結婚式
विमानस्थल 空港．अन्तर्राष्ट्रिय～ 国際空港
विराटनगर ビラトナガル (地名)
विवरण 一覧，詳細，解説．मौसम ～ 天気予報
विवाह 結婚，結婚式．～ गर्नु 結婚する
विश्व 宇宙，世界
विश्वास 信用，確信．～ गर्नु 信じる
विसर्ग ビサルガ記号 (：)
विस्मयादिबोदक-चिन्ह 感嘆符 (！)
वैशाख バイサーク月 (विक्रम संवत 第1月，西暦4～5月)
व्यस्त [形] 忙しい

श

शङ्का 疑い，懸念．～ गर्नु 疑う
शक्ति [名] 力，能力，権力
शत्रु [名] 敵
शनिबार 土曜日
शब्द 単語
शब्दकोश 辞書
शर्मा シャルマ (ネパール人姓)
शहर 町，都会
शाङ्घाइ 上海 (地名，Shanghai)

शान्ति ［名］平和
शिक्षक 教師（職業名） ＞शिक्षिका（女性形）
शिरबिन्दु 鼻子音記号，シルビンドゥ（ˑ）
शुक्रबार 金曜日
शुरु/शुरू ［名］開始，始め ＝सुरु. ～ गर्नु 始める，～ हुनु 始まる
शेर्पा シェルパ族
शोप 店，ショップ（shop）
शौचालय トイレ
श्याम シャム（男子名）
श्रीमती ［名］妻，…夫人
श्रीमान् ［名］夫，…氏，…様

ष

षड्यन्त्र ［名］陰謀

स

-सँग ［後］…と共に，…と一緒に（人 -सँग … छ 人は…を持っている）⇒6
सँगै ［副］一緒に，共に ＞सँगैको 隣の
संपदा 遺産 ＝ सम्पदा
संयुक्त ［形］結合した，連合した
संविधान 憲法
संसार 世界，この世
संस्कृत ［形］洗練された，サンスクリット（語）
संस्कृति 文化
सकिनु ［自動］終わる，できる（सक्नु の受け身・自発）
सक्नु ［他動］終える；［自動］-न ～ …することができる，-इ ＋～ …してしまう，…し終える ⇒13，14
सगरमाथा エベレスト山，サガルマタ（8848m）
सजिलो ［形］易しい，簡単な
सत्यानाश ［名］壊滅状態，全滅
सधैं ［副］いつも，つねに. ～को लागि 永久に
सन्चै ［形］元気な ＜सन्चो＋नै
सन्चो ［名］元気，健康
सपना 夢
सफा ［形］清潔な，きれいな. ～ मौसम 晴天
सब ［形］全ての
सबभन्दा ［副］最も，何よりも ＝ सबैभन्दा ＜सब ＋ भन्दा ⇒6
सबेरै ［副］（時刻が）早く，早朝に
सबै ［形］全ての ＜सब ＋ नै
समय ［名］時，時期，（空いた）時間
समाचार ニュース
समात्नु ［他動］持つ，掴む，握る，捕まえる
समोसा サモサ（スナックの一）
सम्पदा 遺産 ＝ संपदा. विश्व ～ सूची 世界遺産リスト
-सम्म ［後］…まで（時間，数，場所）
सय 100，100の
-सर ［名］…先生，男性に対する敬称（呼びかけにも）
सर्प 蛇
सवा ［形］プラス1/4
सवारी ［名］乗り物，御幸（文語）. ～ साधन 乗り物，～ चालक अनुमति पत्र 運転免許証
सस्तो ［形］安い，安っぽい ＞～ गर्नु 安くする，～ हुनु 安くなる
सहयोग 協力，手助け. ～ गर्नु 協力する，助ける

साँचो ［名］鍵，型．～ लगाउनु 鍵をかける；［形］本当の
साइकल　自転車（cycle）
साउन/श्रावण　サウン月（विक्रम संवत 第4月，西暦7～8月）
साढे ［形］プラス1/2
साथी　友人，同行者
साथै ［副］加えて，同時に，一緒に
साधन　手段
साधारण ［形］普通の，一般的な
सानो ［形］小さい，（地位，年齢等が）低い ⇔ ठूलो
साबुन　石鹸
सामान　荷物，品物．पूजा ～ 礼拝用具一式
सायद ［副］おそらく，たぶん ⇒5
साल ［名］（暦の）年．पोहर ～ 昨年
साहू　店主，金持ち，金貸し
सिंह　ライオン
सिकाउनु ［他動］教える，教授する（सिक्नु の使役）
सिक्नु ［自動］学ぶ，習う
सितार　シタール（楽器）
सिद्ध्याउनु ［他動］終える，終わらせる（सिद्धिन の使役）
सिनेमा　映画（cinema）
सिसाकलम　鉛筆 ＜ सिसा + कलम
सिसी（ガラスの）瓶
सीता　シタ（女子名）
सीधा ［形］真っ直ぐな，正直な
सीधै ［副］直接，真っ直ぐに，正直に
सुत्नु ［自動］寝る，横たわる ＞ सुत्ने कोठा 寝室
सुन ［名］金，黄金
सुनौलो ［形］金色の
सुन्तला　ミカン
सुन्नु ［他動］聞く
सूर्य　太陽
सेतो　白（い）
सेवा　世話，奉仕，勤務
सोध्नु ［他動］尋ねる，質問する
सोप　石鹸，ソープ（soap）
सोमबार　月曜日
स्कूल　学校（school）＝ विद्यालय
स्टेशन　駅（station）
स्थगित ［形］中断した，延期した，中止した．～ गर्नु 中断する
स्थिति ［名］状況，状態
स्याउ　リンゴ
स्वर्ग　天国，極楽

ह

हजार　千，千の．दश ～ 1万，1万の
हजुर ［代］あなた様；［間］はい（返答）．～ बुबा 祖父，～ आमा 祖母
हडताल ［名］ストライキ
हतार ［名］急ぎ（の状態）．～ गर्नु 急ぐ
हत्या　殺人
हप्ता ［名］週
हमला ［名］襲撃，攻撃
हराउनु ［自動］なくなる，消える；［他動］負かす
हरियो　緑（の）
-हरू ［尾］…たち，…ら（複数にする）
हरेक ［形］各…，毎…
हल　ハル記号（्）
हवाईजहाज　飛行機
हाँक्नु ［他動］運転する，操る
हाँस्नु ［自動］笑う
हात　手
हातमुख　手と口

हात्ती 象
हामी ［代］私たち（１人称複数）
हाम्रो ［代］私たちの（हामी の所有格）
हार्नु ［自動］負ける，敗北する ⇔ जित्नु
हाल्नु ［他動］入れる．-इ ＋～（さっさと）してしまう ⇒14
हिंडिनु ［自動］歩く（हिंड्नुの自発）
हिंड्नु ［自動］歩く
हिंसा ［名］殺害，殺人
हिउँ 雪，氷．～ पर्नु 雪が降る
हिजो ［副］昨日
हिन्दू धर्म ヒンズー教
हिमाल ［名］雪山，ヒマラヤ
हुक्का 水キセル
हुनत ［接］もっとも…だけれど ＜ हुन ＋ त
हुनु ［自動］…になる，…だ，…がある，…なのだ（副語幹は भ-，थि-，हो-）
हुन्छ ［自動］…になる，…なのである（हुनुの親称３人称単数現在肯定形の一）；［間］OK，よろしい（了解・許可）⇒1
हेरिनु ［自動］見られる（हेर्नुの受け身）
हेर्नु ［他動］見る．-इ ＋ हेर्नु …してみる ⇒14
है ［不変］（文末にきて，念を押す感じ）⇒10
हो ［自動］…だ，…です（हुनुの親称３人称単数現在肯定形の一）；［間］はい（肯定の返事）⇒1
होइन ［自動］…ではない（हुनुの親称３人称単数現在否定形の一）；［間］いいえ（否定の返事）⇒1
होचो ［形］低い ⇔ अग्लो
होमवर्क 宿題，ホームワーク（homework）＝ गृहकार्य
होला ［副］…だろう，…でしょう（हुनुの３人称単数不確実未来形）⇒5

著者紹介
野津治仁（のづ はるひと）
北九州市立大学卒。1994 年トリブバン大学修士課程修了。
ネパール語文学専攻。
主要著訳書：『ナソ・忘れ形見』『旅の指さし会話帳 25 ネパール』

ネパール語の入門

2023 年 2 月 28 日 第 1 刷発行
2024 年 2 月 29 日 第 4 刷発行

著 者© 野 津 治 仁
発行者 岩 堀 雅 己
印刷所 開成印刷株式会社

発行所
101-0052 東京都千代田区神田小川町 3 の 24
電話 03-3291-7811（営業部），7821（編集部）
www.hakusuisha.co.jp
株式会社 白水社
乱丁・落丁本は送料小社負担にてお取り替えいたします。

振替 00190-5-33228 Printed in Japan 誠製本株式会社

ISBN978-4-560-08965-1

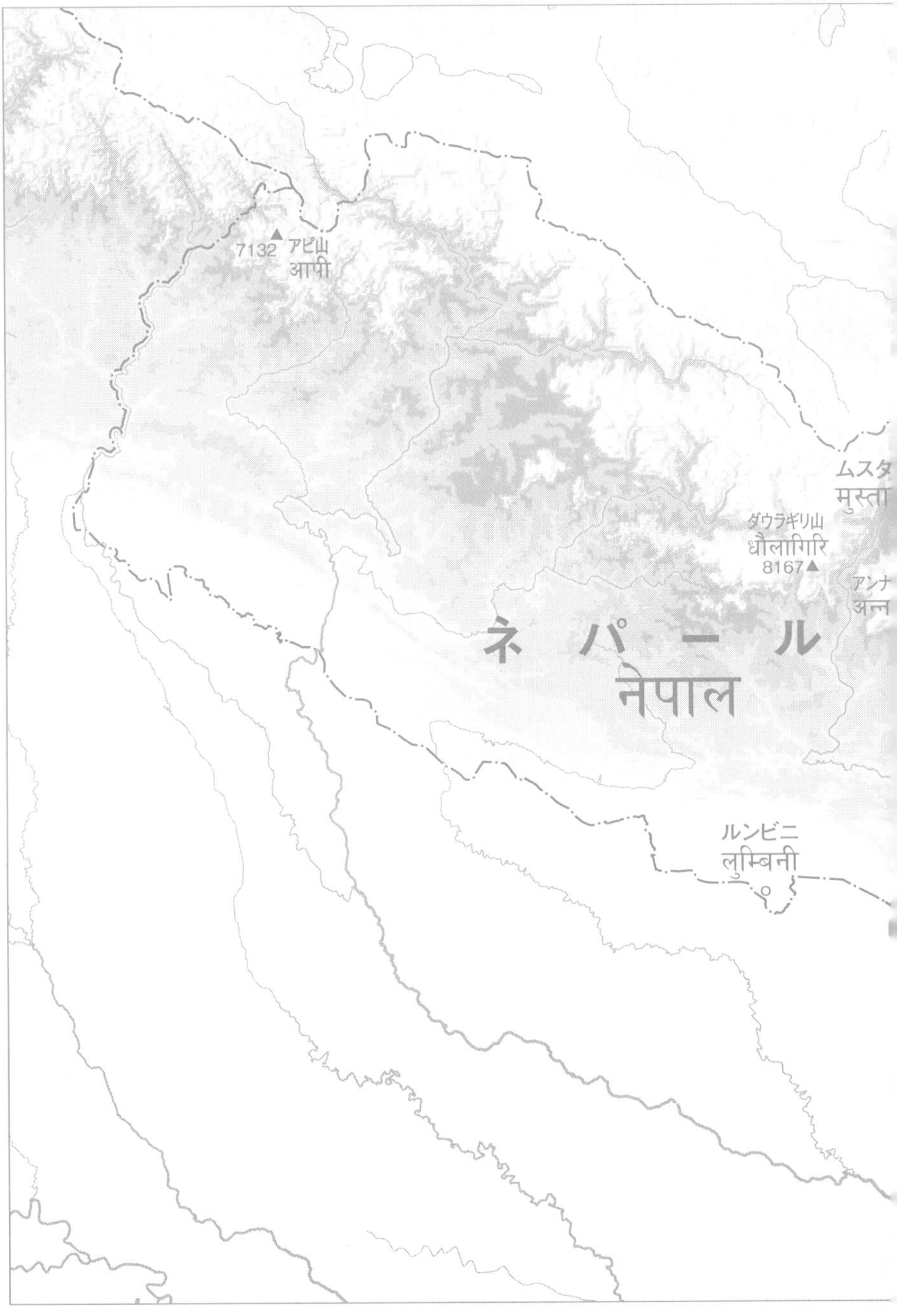

アピ山
आपी
7132
ムスタ
मुस्ता
ダウラギリ山
धौलागिरि
8167
アンナ
अन्न
ネパール
नेपाल
ルンビニ
लुम्बिनी

中華人民共和国
8163
マナスル山
मनास्लु
ゴルカ
गोरखा
カトマンズ
काठमाडौं
チトワン国立公園
चितवन राष्ट्रिय निकुञ्ज
ナムチェ
नाम्चे
エベレスト(チョモランマ)
सगरमाथा
8848
カンチェンジュンガ山
कञ्चनजंघा
8586
ビラトナガル
विराटनगर
ド